沂蒙精神铸魂育人研究

张思坚◎著

吉林大学出版社
·长春·

图书在版编目（CIP）数据

沂蒙精神铸魂育人研究 / 张思坚著 . -- 长春：吉林大学出版社 , 2023.3

ISBN 978-7-5768-1616-7

Ⅰ.①沂… Ⅱ.①张… Ⅲ.①师德—研究 Ⅳ.① G451.6

中国国家版本馆 CIP 数据核字 (2023) 第 068617 号

书　　名	沂蒙精神铸魂育人研究
	YIMENG JINGSHEN ZHUHUN YUREN YANJIU
作　　者	张思坚　著
策划编辑	殷丽爽
责任编辑	殷丽爽
责任校对	安　萌
装帧设计	李文文
出版发行	吉林大学出版社
社　　址	长春市人民大街 4059 号
邮政编码	130021
发行电话	0431-89580028/29/21
网　　址	http://www.jlup.com.cn
电子邮箱	jldxcbs@sina.com
印　　刷	天津和萱印刷有限公司
开　　本	787mm×1092mm　1/16
印　　张	9
字　　数	150 千字
版　　次	2023 年 8 月　第 1 版
印　　次	2023 年 8 月　第 1 次
书　　号	ISBN 978-7-5768-1616-7
定　　价	72.00 元

版权所有　　翻印必究

作者简介

张思坚 毕业于西安通信学院,大学普通班学历,现任山东省委党校(山东行政学院)教师进修学院班主任。

参加工作以来,多次在军地省级以上报刊发表理论文章20多篇、新闻宣传稿件30多篇,曾任济南军区55191部队教员、石家庄陆军陆军参谋学院学员队区队长,被驻地宣传部门聘为特约记者。

1、1992年,军校担任《电话学》理论和交换机实践课程教员,学员成绩全部良好以上,在济南军区组织的军事考核比武中取得优异成绩,被济南军区55191部队评为优秀教员。

2、1998年,石家庄陆军参谋学院学员队区队长,受嘉奖一次。

3、1999年,济南军区55178部队营职参谋。

4、2005年,山东行政学院图书馆流通部主任,支部成员,

5、2008年至2015年,山东行政学院图书馆信息部主任、期刊部主任。

6、2015年至2018年,山东行政学院信息部读者部主任。

7、2018年12月至今,山东省委党校(山东行政学院)教师进修学院班主任。

8、研究方向:历史文化

前　言

由于新时代我国教育事业高速发展，教师的作用越来越重要，师德文化建设成为我国教师队伍建设的一个重要课题。近年来，相关部门在不同层面上投入了大量的人力、物力、财力来加强师德文化建设工作。加强沂蒙精神教育是实现师德文化建设好转的关键环节，沂蒙精神是中华民族精神的重要组成部分，是中国共产党人精神谱系之一，是学员强化师德文化建设的重要支撑。

从历史和现实的维度，教育引导教师全面理解沂蒙精神的文化内涵和思想价值，提高教师的爱国意识，培养教师艰苦奋斗、精诚团结以及敢为人先的道德品质，树立正确的世界观、价值观和人生观，增强教师政治认同、科学精神、奉献社会意识。以"爱党爱军，开拓奋进，艰苦创新，无私奉献"为核心内涵的沂蒙精神，是沂蒙老区人民在中国共产党的领导下，在革命实践中，逐渐形成的一种具有鲜明时代特点的革命精神。加强对沂蒙红色文化的研究诠释，将沂蒙精神融于教师培训课程之中，探索沂蒙红色文化中蕴含的丰富思想内涵，使沂蒙红色文化有效运用到学校教育中，有助于培育教师的家国情怀、价值塑造。

教师培训和党员干部培训都是值得重视的。党的事业和党的建设，成败关键在干部队伍。我党历来对干部教育培训工作高度重视，中国共产党在100多年波澜壮阔的奋斗历程中不仅积累了丰富的干部教育培训经验，而且形成了独具中国特色的干部教育培训理念和比较完整的干部教育培训体系，在世界政党干部教育培训史上留下了鲜明的中国特色，也对世界政党政治的发展做出了自己独有的贡献。

本书共包含五个章节。第一章主题为沂蒙精神推动党员教育，共分为三个部分：党员教育、干部培训工作、沂蒙精神的教育作用；第二章主题为沂蒙精神强化师德文化建设，从师德文化建设综述、师德文化建设的内容、沂蒙精神推进师德建设机制三个方面进行了论述；第三章重点阐述沂蒙精神助力师资培训，分为师资培训基本要素、教师培训的文化内涵建设、沂蒙精神促进师德文化建设三部分；第四章主题为沂蒙精神促进校园文化建设创新，从校园文化创新、校园文化建设创新措施、沂蒙精神推动教育和文化创新等方面展开论述；第五章主题为沂蒙精神引领基层治理，分为三部分：基层治理问题与特点、群众参与基层治理、沂蒙精神促进基层治理。

在撰写本书的过程中，作者得到了许多专家学者的帮助和指导，参考了大量的学术文献，在此表示真诚的感谢。本书内容系统全面，论述条理清晰、深入浅出，但由于作者水平有限，书中难免会有疏漏之处，希望广大同行及时指正。

基金项目：本书系中共山东省委党校（山东行政学院）2022年重大项目攻关创新科研支撑项目"沂蒙精神铸魂育人的历史价值与现实路径研究"（2022CX169）阶段性成果。

张思坚

2022年6月

目 录

第一章 沂蒙精神推动党员教育 … 1
  第一节 党员教育 … 1
  第二节 干部培训工作 … 23
  第三节 沂蒙精神的教育作用 … 34

第二章 沂蒙精神强化师德文化建设 … 42
  第一节 师德文化建设综述 … 42
  第二节 师德文化建设的内容 … 47
  第三节 沂蒙精神推进师德建设机制 … 51

第三章 沂蒙精神助力师资培训 … 59
  第一节 师资培训基本要素 … 59
  第二节 教师培训的文化内涵建设 … 66
  第三节 沂蒙精神促进师德文化建设 … 74

第四章 沂蒙精神促进校园文化建设创新 … 84
  第一节 校园文化创新 … 84
  第二节 校园文化建设创新措施 … 95
  第三节 沂蒙精神推动教育和文化创新 … 102
  第四节 党性教育培训创新 … 113

第五章　沂蒙精神引领基层治理……119
　　第一节　基层治理问题与特点……119
　　第二节　群众参与基层治理……125
　　第三节　沂蒙精神促进基层治理……129

参考文献……134

第一章　沂蒙精神推动党员教育

学校党的建设对于激发办学活力，提高教师素质和师德文化建设，具有重要的推动作用。把骨干教师培养成党员，把党员教师培养成教学管理骨干，这就需要高校研究重点、突破难点，着力推进学校党建工作与教育教学的共同发展，凸显党组织的战斗堡垒作用。本章共包括三部分：党员教育、干部培训工作、沂蒙精神的教育作用。

第一节　党员教育

当今时代，科学技术日新月异，知识更新日新月异，党员在法律法规等方面的了解还不够多，在带领群众致富方面还存在一些制约因素。必须加强党员教育培训。在基层党组织中，党员既是主体，又是服务对象。在新形势下做好党员教育培训工作，必须贯彻以人为本，积极开展正面教育，促进党员学会做事，学会做人。做好理论与实践相结合，学以致用。加强基层党员教育培训，坚持理论联系实际、学以致用的原则，保证人员、内容、制度和时间的落实。

一、新时代党员教育措施

发挥党员的表率作用，积极主动地参加各类教育培训学习，带头把党的十九大及十九届历次全会精神贯彻到基层党建工作中去，注重培养广大党员的创新意识，不断创新教育培训工作内涵，努力做到学以致用。

认真抓好业务培训，以"业务骨干"活动为主要平台，抓好远程教育培训、新任职人员的职业教育培训、调查信息教育培训、文字综合能力培训、综合执法人员培训等内容。组织党员教师集体培训，在党性修养、专业理论等多方面获得进一步的提升。

（一）党员基本素质建设

1. 进一步增强自觉锻造过硬党性的意识，提高政治站位

作为党校教师，首先要有明确的政治方向，坚定的政治信念，牢记党校姓党，党校讲课有纪律。培训始终贯彻党校姓党这一基本原则，党性教育丰富呈现，视角多元，富有特色。省委党校专门安排现场教学、党团活动，组织学员对党性教育基地、渤海走廊革命斗争陈列馆等进行参观学习，接受红色教育。还组织集体观看《古田军号》、《学员和学员的祖国》等党史电影教学活动，使学员的爱党、爱国、爱军的情感得到进一步的升华。在学员论坛中，学员对王烬美、杨子荣等英雄人物的介绍，让学员了解了许多不为人知的、感人的英雄事迹。这些党性教育都让学员在了解中国共产党人在救国、建国、兴国、强国的百年接续奋斗中开辟伟大道路、建立伟大功业的不易的同时，进一步切身感受到在党由小变大、由弱变强的百年淬炼与探索中孕育的不忘初心、坚定信仰的强大精神伟力，进一步增强了自觉锻造过硬党性的意识。学员要把党性锻炼成果转化为对事业发展的高度责任感、强烈的紧迫感，扎实做好党校教学工作。

2. 进一步拓展眼界学识，提升理论素养和专业能力

作为党校教师，要把党的理论、政策和方针宣传好、阐释好，努力做到用学术讲政治，使命光荣、任务艰巨。这就需要学员不断提升理论素养和专业能力，适应新时代培训党的领导干部的新要求。培训针对基层党校特点进行科学设计，课程系统翔实、内容丰富多样，既涵盖了时政理论、经济学、新旧动能转换、社会和生态文明等多个维度的宏观内容，又包含有社会调查研究、科研资政能力提升、教师礼仪与职业素养等具有针对性的专题学习，总共有30门课程。不仅有来自各领域理论专家形象生动、系统辩证的精彩课堂授课，也有党支部探索领办合作社，促进乡村振兴的鲜活异地教学。形式多样的学习紧凑周密，培训内容入心入脑，针对性、实操性都很强，使学员进一步拓展了眼界学识，理论素养和专业能力得到进一步的提升。学员要努力做到学思用结合，把学习的成果转化为能

力的提升，做到知行合一、学以致用。

3.进一步树立起了党校教师要终生学习的理念

党校教师要树立起终生学习的理念，凡是培训都积极主动报名参加，学习其他同志的授课艺术和学术研究秘诀，向中年教师学，也向年轻的同志求教，丰富自己的视野和讲课方法，担负起培训基层党员干部的任务。各位授课专家知识渊博、学养深厚、视野开阔，能进一步提升教学研咨宣工作能力，悟思想、强素质、提能力、开新局。

4.开展多样活动，进一步提高自身综合素质。

培训期间，党校安排每天课前开展第一课堂活动，课后小组讨论，还有学员磨课、党校教授专家进行点评等多种多样的研讨交流，既营造了求真、务实、向上、融洽的浓厚教研氛围，也为学员们交流信息、分享经验、展示自学员提供了很好的平台，同时也增进了大家的友谊，增进了集体的向心力、凝聚力。

（二）强化支部标准化建设

要加强全体党员的"创先争优"意识。为应对当前机关党建工作中存在的认识水平不高、实际操作不规范、党建工作不能深入开展等问题，每季度组织召开一次机关党务工作者培训班，提高党员履行职责的能力。加强"标准化党支部"建设，每个月抓好党员的2次以上集中学习，每月开展一次主题党日活动，每月召开一次支部委员会，每季度召开一次支部党员大会，党支部书记或者支部成员每半年上两次党课，把支部书记这个重要环节抓实抓细，以学习强国和云讲堂手段开展政治理论学习。开展政治生活"规范月"活动，领读入党誓词，重温入党志愿书，学习《关于新形势下党内政治生活的若干准则》，坚持党员交流研讨，党员每人写读书月活动交流心得体会严格落实"第一议题""第一课程"制度。学好用好《习近平谈治国理政》第一、二、三、四卷。学习党校（行政学院）工作条例、习近平总书记在全国党校工作会议上的重要讲话，学习习近平总书记外出视察最新重要讲话精神。对照习近平总书记提出的和平时期对党忠诚"四个能不能"检验标准，开展多种形式学习教育。深入贯彻落实《关于加强省直机关干部队伍政治能力建设的若干措施》，推动政治机关、政治学校意识教育常态化。

贯彻落实《省直机关党支部标准化规范化建设提升工程的实施意见》，推动支部品牌建设、专题研究精神文明建设、意识形态工作和宣传思想工作。研究分析1次职工思想政治工作，并向直属机关党委汇报，要求党员每季度写1篇理论学习心得体会。加强作风建设，开展廉洁教育和廉政风险排查。大力发扬"严真细实快"工作作风，实行首问负责制，推动作风转变。加强青年理论学习小组每月至少开展1次集中学习研讨。研究贯彻落实《中国共产党统一战线工作条例》。研究落实党支部谈心谈话情况。党支部委员之间每年不少于2次，党支部委员和党员之间、党员和党员之间每年谈心谈话不少于1次。党的二十大召开后，积极开展形势宣传、成就典型宣传，宣讲二十大精神报告会、专题培训、支部书记上专题党课。开展主题党日活动。学习贯彻党的二十大报告和大会精神，做好党的二十大精神专题学习班管理服务工作，办好党的二十大精神专题师资培训班，开办系列专题讲座，组织学员研讨。开展1次国情、省情、形势政策学习教育，加强意识形态阵地管理，深入开展风险隐患排查整改。制定《工作领域舆情风险防控预案》，做好舆情风险防范应对。

强化党员研讨活动，在备课方向、授课技巧、科研资政等各方面有了新的认识与提高，综合素质得到了进一步的提升。首先，党性得到进一步锻炼和增强。一方面，班级严格管理，课程学习与其他班组活动安排紧张有序，组织生活丰富多样。在民主生活会、党性教育、党史电影教学、党团活动等中，学到了知识，通过交流学员从中既系统学习了理论知识，又在丰厚理论基础上提高了政治思想境界。其次，理论水平与专业素养得到显著提升。进修班共开设三十余个专题，涵盖经济学、新动能、社会生态与文明。这些专题都紧紧围绕当前社会的热点与重大理论问题，授课教师都是党校的优秀教师和外聘的专家学者，他们知识渊博、治学严谨，讲课艺术水平高，课后还耐心细致与学员交流、答疑解惑。最大限度将老师讲授的知识转化为学员自己的东西。通过此次学习弥补了一些短板，这将有利于学员今后的工作。

加强业务锻炼，进一步提高了业务能力。培训期间，党校在强化理论交流以及集体磨课和上讲台等教学活动，提升了教学研咨宣工作能力水平与综合业务素质。在研讨活动中，结合自身工作实际，与同学们一起进行了座谈交流、面对面提问和探讨等，大大提高了自己的独立思考能力。在磨课和上讲台活动中，通过同学们的精彩展现、省委党校教师的现场点评，学员从中受益匪浅，在备课方向、逻辑架构、授课技巧等方面都有了新的认识与思考。

参加多样活动，进一步开阔了视野。班级活动丰富多彩。成立了兴趣小组。学员根据各自的专业爱好，分别组成了经济学、新旧动能转化和社会与生态文明三个科研兴趣小组，各小组围绕科研资政课题，对课题合作、经验分享等内容进行了深入研讨发言，营造了浓厚的学术氛围，加深了横向沟通与互相学习。开展第一课堂活动。每天课前，利用十五分钟的时间，同学们展示丰富多彩的内容、灵活多样的形式。通过这些活动，在拓宽了知识面的同时，也让学员再一次得到了锻炼和提升。

（三）弘扬沂蒙精神的铸魂育人作用

1. 沂蒙精神铸魂育人的内涵

沂蒙精神是对古老的华夏优秀文化的传承和发扬光大，反映了沂水蒙山老区人民的对红色文化的热爱和总结。学校思政课利用课堂传授好师德文化，把红色沂蒙老区文化和校园文化结合好，启发学生去品味红色文化与师德文化的精神活力。中华优秀传统文化历史悠久，厚重的文化底蕴，赋予沂蒙精神铸魂育人的丰富内涵。战争中沂蒙人民用鲜血和生命培育出红色沂蒙革命精神，熔铸的是鲜血和生命；建设年代，沂蒙精神表现的是拼搏和智慧；改革开放时期，沂蒙精神彰显的是创新和清廉，沂蒙精神始终是学员制胜的法宝。

沂蒙精神的内涵是铸魂育人的精神财富：一是自强不息、奋发向上的精神追求。革命战争年代，沂蒙大地出现许多可歌可泣的英雄模范人物，激励着沂蒙人民抛头颅，洒热血，为中国革命的胜利奋斗牺牲、顽强拼搏。二是艰苦奋斗、开拓创新的思想境界。社会主义革命和建设时期，齐鲁大地上的沂蒙老区人民用实际行动开创了一条幸福之路。坚韧不拔、敢创敢试和开动脑筋的好习惯给沂水蒙山人民带来新生活，彰显了沂蒙精神的风格，贯穿于沂蒙精神形成、发展全过程，是沂蒙精神发展的不竭动力。三是无私奉献的价值理念。诚实守信、无私奉献是中华优秀传统文化的精髓，也是沂蒙人民道德的基石，讲奉献敢担当高效率是沂

沂蒙精神铸魂育人研究

蒙山人民的可贵品德，还有他们的乐观性格和宽阔的胸怀，都是不惧任何困难、热爱家乡的内在因素，不管是战乱时代还是和平建设时期，无论是支援边疆还是抗震救灾，沂蒙人民组成浩浩荡荡的支前民工大军，用小推车抢运弹药、运水送粮、运衣送药，支援前线，留下了彪炳千秋的英雄事迹。改革开放后，沂蒙人民饮水思源、富而思进，不忘国家、集体和他人，先富帮后富，创新引领走在前，聚力实现新突破。四是沂蒙老区人民拥护共产党和热爱人民军队。沂水蒙山的老百姓文化水平不算很高，但在热爱祖国方面始终是走在前的，他们把爱国的追求代代传下去，为了人民军队打胜仗要什么就拿出来什么，连自己仅有的一点家当也贡献出来。沂蒙老区人民的精神集中体现了党同人民群众"水乳交融、生死与共"的鱼水情谊和血肉联系。

高校以挖掘沂蒙精神铸魂育人的内涵入手，以红色教育、美德教育和革命传统教育为重点，抓住党课教育、军事训练、党团活动等重要节点，组织学生参观革命文化教育基地，进行多层次全方位系统性的思政教育，激发高校教育爱国热情，振奋中华民族精神。

2. 历史价值：铸魂育人的使命担当

人民军队和沂蒙老区百姓共同铸就的沂蒙精神，是我们党的伟大精神谱系之一。高校应充分挖掘沂蒙精神这一宝贵精神财富，发挥沂蒙精神铸魂育人作用，利用红色文化资源，赓续红色血脉。引导广大教师用信念和力量传承红色基因，始终同人民风雨同舟、同甘共苦，提高教师实践能力，不负韶华，勇担使命。以奋斗不息的劲头、迎难而上的勇气奋力走好新时代的长征路，在实现中华民族伟大复兴的征程中担当时代重任。

20世纪40年代，沂蒙革命根据地四分之一人口拥军支前，二十分之一人口参军参战，十万英雄儿女战死前线，用生命和鲜血谱写了忠于信仰、忠于组织、忠于事业的伟大篇章，铸就形成了军民"水乳交融、生死与共"的沂蒙精神。历史的接力棒交到了青年一代身上，用好红色资源，讲好红色故事，传承红色基因，让沂蒙精神入脑入心、代代相传，凝聚起团结奋斗的磅礴力量，不负历史重托让沂蒙精神绽放更加绚丽的时代光芒。沂蒙精神是高校思想政治教育最好的历史教育教科书。

让沂蒙精神激励教师勇毅前行。高校开展沂蒙精神铸魂育人实践活动，要组织学生管理骨干走出校门，走进沂蒙精神发源地，接受沂蒙精神的熏陶，青年教师要把自己的兴趣爱好与国家、民族的命运结合起来。组织党员开展系列红色文化党性教育活动，通过学习和传承沂蒙精神，让青年教师接受英勇顽强、不怕牺牲的革命英雄主义和爱国主义教育。高校通过在部系建立沂蒙精神宣传队，支持青年师生参与，鼓励青年师生参与红色遗址遗迹和思想政治教育宣传，设计沂蒙精神铸魂育人培养方案，打造一批沂蒙精神精品课程和实践品牌，在教学实践中推进沂蒙精神入脑入心。用沂蒙精神激励师生踔厉奋发、勇毅前行。

把沂蒙精神赓续传承。高校组织开展沂蒙精神红色研学活动，精心策划、设计丰富多彩的研学主题和路线，深刻理解和把握沂蒙精神内涵，要挖掘绵延几千年的中华优秀传统文化中的时代价值，将沂蒙精神在高校中传播起来弘扬起来。将沂蒙精神作为重要的思想教育资源，以透彻的学理分析回应师生，以严谨的思想理论说服师生，为新时代高校培根铸魂。弘扬传承沂蒙精神，敢于啃硬骨头，敢于涉险滩。

3. 现实路径：铸魂育人的实践要求

触动人的心灵，才能达到教育效果。充分发挥师生在教学中的主体作用，通过弘扬沂蒙精神，传承红色基因，教育动员青年师生全面认识沂蒙精神，践行沂蒙精神，走进沂蒙山，用眼去观察，用耳去聆听，用脚去丈量，用心去感受。开阔师生的视野，拓展素质能力，进而增强责任感和使命感。回顾沂蒙精神发展历程，鼓励青年师生站稳人民立场，练就过硬本领；用沂蒙精神构筑起中华民族的钢铁长城。

弘扬沂蒙精神，厚植家国情怀。在新时代新征程上，教育青年师生弘扬沂蒙精神，立大志、干大事，大力弘扬家国情怀。为人师表、率先垂范。教育和引导青年师生一定要先在思想上向沂蒙精神看齐，以党为重、以国为重，自觉接受爱国主义教育，主动学习沂蒙精神，做到思想上足够重视。与时俱进，探讨新时代沂蒙精神的新内涵，用思想带动行动，以身作则积极践行沂蒙精神。让沂蒙精神像一粒薪火种子，根植在青年师生血脉里，永葆家国情怀。

在学校开设沂蒙精神社会实践课程、研学旅行课程等，通过革新教学方法、学习方法，加强沂蒙精神实践教育，涵养高校教师的深厚情怀和责任担当，让师生怀有对国家和人民的深情大爱。

弘扬沂蒙精神，强化价值塑造。必须科学组织思政课的授课内容，充分发挥沂蒙精神对青年师生的教育作用，充分利用学生会和共青团组织开展活动，大力弘扬沂蒙精神，正确引导学生为中华民族伟大复兴而读书，要想成为一个对社会有用的人才，必须要先从立志开始，要自觉将个人发展与国家社会的发展紧密联系起来，要有担当精神，做到"苟利国家生死以，岂因祸福避趋之"。涉猎学习知识和参加各种活动来提高自己的价值判断和可持续发展能力。

弘扬沂蒙精神，增强育人作用。军民水乳交融、生死与共铸就的沂蒙精神，蕴藏着亲民、为民、爱民、忧民的强大精神力量。弘扬沂蒙精神，有助于青年学生不断增强为人民服务的能力。沂蒙精神是中国共产党革命精神谱系中的重要内容，其背后是党为人民谋解放、谋幸福的初心。在革命战争时期的沂蒙大地上，无数共产党人为了保家卫国，不顾抛妻别子之危，奋不顾身投入革命洪流中。在共产党人的感召下，越来越多的沂蒙群众纷纷组织起来、行动起来。沂蒙人民"爱党爱军"的信念和忠诚、"无私奉献"的大爱和情怀正是来自中国共产党和人民军队那种亲民、爱民、为民、护民的价值取向和革命行动。弘扬沂蒙精神，把群众需要作为第一选择，真心实意为群众办实事，杜绝不上心、不尽力等问题，需要从沂蒙精神中汲取精神动力。沂蒙精神是中国共产党人与人民同甘共苦，与人民团结奋斗、不断赢得群众拥护的结果。新时代，保持同人民群众的血肉关系，增强相信党、热爱党，永远跟党走的信心，需要从沂蒙精神中汲取智慧和力量，深入基层，拜群众为师，把解决群众需要当成最大政绩。

高校宣讲沂蒙事迹感染学生，增强学生的党性教育。积极引导学生利用假期参加沂蒙精神实践活动，深刻领会掌握沂蒙老区人民精神的重要意义和历史贡献，高校学生认识到沂蒙老区精神是古老中华民族大家庭的文化，是由我们的党、沂蒙老百姓和人民军队亲手创造的，学生自然会珍惜和发扬先辈们这种民族精神。以沂蒙精神为载体，发挥红色资源的激励作用。组织学生参观沂蒙红嫂纪念馆等，结合红色故事谈自己的学习心得，让学生自己讲党课，讲述这些红色故事，将沂蒙精神内化于心外化于行，深刻认识沂蒙人民的大局意识、自学员牺牲和勇于奉献的崇高品质。深刻领会红色故事的时代价值,把沂蒙精神付诸学习和生活的实践中,锤炼青年师生的党性修养。

二、党员培训是强党强国的重要举措

(一)坚定理想信念

共产党人的精神支柱是理想信念。学员始终保持信念不动摇,始终保持方向不乱,始终保持追求生命价值和企业发展的高度融合,始终保持对党的事业高度追求。严守党的纪律,清白做人,干干净净做事,永远保持共产党员的政治本色。涵养事业情怀,躬身力行,带动学员。坚持忠诚党校事业,把个人奋斗目标与党校发展事业融合起来,付诸行动,带动学员要踏实干事创业。党校教师守初心担使命,最终要体现在做好本职工作上。要爱岗敬业奉献。干一行、爱一行、钻一行,明确岗位要求,履行岗位职责,完成岗位工作。要胸怀职责使命。坚定党校姓党的原则,正确处理学术研究与理论宣传、言论自由与政治纪律的关系。要影响带动学员。作为塑造党员干部灵魂的工程师,把党的创新理论融入头脑、嵌入灵魂,把理论背后的学理支撑、逻辑关系讲透彻,引导学员感悟马克思主义强大真理力量和人格力量。

(二)涵养敬业情怀,刻苦钻研,提升能力

在业务上下大力气,刻苦钻研,提升能力。要勤于读书学习。在学习中吸收理论营养、拓宽知识储备、拓展历史思维、强化战略思维、全局观念和全球视野,提升知识广度、理论深度和历史厚度。要锻造高强本领。保持对党校课堂的敬畏之心,凭借撰写理论文章、宣传文章、决策咨询报告、讲好专题课等"几把刷子"站稳党校讲台。要创新方式方法。采取专题式、辩论式、研讨式、互动式、情景模拟式等多种行之有效的教学方法,把每堂课精心做成触及学员灵魂的思想大餐和精神食粮。要做到学思践悟。做到理论自觉,进一步发扬打破砂锅问到底的精神,牢牢把握人民立场,始终坚持问题导向,奔着问题去、跟着问题走、盯着问题改,旗帜鲜明坚持原则问题、理直气壮对待发展问题、实事求是回答难点问题、

竭尽全力解决实际问题，做到执着虔诚、深厚至信。

（三）涵养道德情怀，立德树人，为党育人

做到情操高尚、内心清净，在修身立德的基础上宣传研究阐释理论、传道授业解惑，立德树人，为党育人。要增强党性修养。把党性真正融入血液，把党魂始终铭刻于心，为人师表，爱党护党。要坚持立德树人。以德立身、以德立学、以德施教、以德育德，为党的事业培养人、塑造人。要静心修炼人格。党校教师越有人格魅力，精神力量就会越强，对学员会产生润物细无声的持久而深远的影响。只有塑造了高尚人格，才能让学员亲其师、信其道。

重视学员党的科学理论的学习。教师在教学中一方面要贡献自己所学的知识，另一方面又要像海绵一样，从生活和科学中汲取一切优秀的东西，然后把这些优秀的东西传授给学生，如果教师不能做到严谨治学，以严肃认真的态度学习知识和高度负责的精神传授知识，又怎么能够为学生解惑呢？我们既要从书本中学，也需要从实践中学。

通过党的理论培训学习，加强对理论和实践问题的研究，教师用科学、有趣的事例去说服、引导学生。必须密切联系历史的、现实的、国内外的实际，并且不断了解学生关心什么热点难点问题，这样的教学才能受到学生的欢迎。培训过程中，大家带着问题思考，带着问题交流，在思考和交流中相互启发，教学和科研的思路得到了拓展，真正使自己在工作和生活中有了一个很大的提高。一是要有扎实的知识和理论功底。虽然现在各高校普遍做了教学和科研岗的划分，从事好思政课教学，必须要有扎实的知识储备和理论功底。二是思政课教学其实就是对学生进行社会主义核心价值教育，但教学过程中，教师普遍感觉学生对思政课提不起兴趣来，其中很重要的一个方面是教学手段和方法一定程度上和当下学生的需求有某种脱节。应该结合时代的特点和学生的需求，将意识形态教育日常生活化，这正是当前现代社会的特点。除此之外，审美化的教育方式也是可以尝试的。在艺术的审美中，在情感的移入中，意识形态思想水到渠成地流进学生的心田。讲师必要的讲授和概括还是很必要的，可以起到提纲挈领、画龙点睛的作用。

(四)增强党性修养

以加强宗旨意识、党员意识和思想政治素质为切入点,把党性修养作为教育培训的"主攻方向",在思想境界和精神境界上保持先进性。广大党员在关键时刻,挺身而出,经得起任何风浪和诱惑的考验。

增强党员的党性意识、身份意识和责任意识,增强党员参与活动、履行职责、学习宣传和贯彻落实工作的能力。涵养党校情怀,热爱党校,珍惜荣誉。牢记自己第一身份是党校教师,以高度职业责任感和自豪感热爱党校、珍惜荣誉。要坚定信仰信念,要坚守政治立场,要敢于担当作为,要践行知行合一。纸上得来终觉浅,绝知此事要躬行。要紧密联系实际,坚持学以致用,把掌握的科学理论,用于改造客观世界和主观世界。

党校对学员的党性教育和党性锻炼要求是非常严格的,而对党校人自身来说,需要有更加严格的标准。

(五)强化党员思想政治情况分析

党支部要按照要求,每半年组织全体党员研究分析一次教职工思想政治工作。每名同志结合自身实际认真分析思想政治工作情况,形成书面材料;支部书记与全体党员之间、党员与党员之间进行了谈心谈话。支部建设、团队建设,使党支部建设各方面取得明显成效。

加强理论学习。认真落实理论学习计划,不断学习中国共产党党史、新中国史、改革开放史、社会主义发展史。从党的历史、党的重大创新理论成果中汲取营养、鼓舞斗志,在学习贯彻上级党委重大部署中找准工作落点、工作标准。认真对照先进典型、身边榜样,找差距,明方向,不断增强党员意识。组织开展读书月活动,倡导部门职工每月读一本好书,把阅读活动融入组织生活之中,传承弘扬中华优秀传统文化,切实用以指导行动、武装头脑。开展政治生活"规范月"活动,认真学习遵守《中国共产党章程》,切实规范"三会一课"、组织生活会制度,积极开展"不忘初心、牢记使命"主题党日活动,落实全面从严治党要求和管党治党责任,严肃党内政治生活,加强对党员干部教育管理和日常监督,提高基层党组织的理论学习制度化水平。

以党建为引领，增强党支部的战斗力和凝聚力。坚持以政治建设为统领，全面提升党支部组织力；推进工作思路、方式手段创新。组织全体党员开展一次重温入党誓词、入党志愿书活动。努力推动党建工作的思想政治优势、组织动员优势转化为业务发展优势，助力打造集理论学习、党性教育、业务培训、党建指导、实践锻炼、示范带动诸功能于一体的"党建综合体"。对标习近平总书记在全国党校工作会议上的讲话，每名同志拟定党员对标提升计划。党支部认真总结党员队伍建设积极性，坚持发挥每位同志的能动作用，提振了全体人员精气神。党员干部带头加强学习，内强素质，外树形象，强化沟通协调，全员开放工作意识不断增强，确保工作质量明显提升。

党支部专题研究全面从严治党、党风廉政建设，精准把握和运用监督执纪"四种形态"，特别是"第一种形态"开展党章党规党纪教育、廉政谈话和警示教育。加强意识形态阵地管理，深入开展风险隐患排查整改。制订意识形态和宣传思想工作规则，强化对意识形态工作的责任担当。推动党史学习教育的常态化、长效化。

组织党员学习研讨习近平总书记在全国党校工作会议上的重要讲话，推动全员从全省党校（行政学院）系统师资队伍建设和基层党校建设高度认识和把握师资培训工作，精准把握师资培训目标方向和工作重点，切实增强责任感使命感。扎实做好各项党务工作，把党建理念融入业务工作，融入办班培训，带动全员牢固树立抓好党建是第一政绩的理念，使之成为思想自觉和行动自觉。坚持以业务工作状态检验党建成效，把党建"实功"落在平时考核、评优树先等业务工作上，看实绩、看发展、看贡献、看精神状态，确保所有工作都有落点。创新工作机制，在师资培训、建设队伍、服务学员中体现出高标准、更严要求。推动党建与业务工作深度融合，持续改进、持续完善、持续提升。党支部建立完善"学员为群众办实事"机制，开展文明实践活动，落实"双报到"和结对帮扶。

三、党校专题培训

在党员教育培训中，党校专题课程培训是不可缺失的一个环节，如何讲好党校专题课，学员可以从以下内容着手：

其一，它不是简单的知识传授，几乎没有明确的学科和专业特点，通过系统完整的概念、范畴和原理，传授某一特定领域的知识体系。是专注于某特定方面党的理论政策创新的解读。

其二，它不纯粹是学术报告，不是在展示属于你自己的研究成果，对某个问题你有什么自己的新发现，不是同行之间的交流，是对党的理论创新和政策主张进行学理阐释。

其三，它不属于职业培训，不是传授专业技能。主要是解惑，而非授业。党校教学，就是以专题课的形式讲政治。

（一）党校教学的特点分析

1. 教学对象——各级各类领导干部

领导干部的年龄、性别、岗位、学历、阅历都有很大不同，对于同一个题目，有的知之不多，有的相对有所研究，理解和掌握的程度也很有不同。

2. 教学目的——提高各级领导干部的党性修养和理论修养

党的领导人进入党校，首先要学习党的基本理论，提高自己的理论素养，这是党校姓党的重要体现。由于理论素养是干部综合素质的核心，理论素养是政治素养的基础。研究与掌握理论的深度，直接影响甚至决定着一个领导干部政治敏感度、思维视野和境界高度。

3. 授课选题——围绕最新成果和最新发展

从授课选题看，党校教学都是围绕着党的理论创新的最新成果，党的路线方针政策的最新发展确定的，因此大部分党校教学都是命题作文，教员没有自主性。

4. 授课内容——对党的理论创新进行解读和阐释

从授课内容看，是对党的理论创新的最新成果和党的路线方针政策的最新发展进行解读和阐释。所以党校教学的特点这要是讲政治，且讲政治是党校教学的根本任务。

（二）用学术讲政治的三重要求

党校教师要增强"用学术讲政治"的能力，对于党校教师来说，用学术讲政治既是政治任务和教学需要。

1. 讲清楚——基本要求

其一，每个专题课所针对的问题，这即所谓问题导向。要提炼出问题来。是什么问题，问题哪里来，学员的思想困惑，提出的问题要引起学员的共鸣。

其二，它的来龙去脉，所谓历史逻辑。搞清楚历史问题为什么重要，今天的现实，是昨天历史的延续，今天的现实，将成为明天的历史。即所谓让历史告诉未来。

其三，它的创新之处，如何把某个领域的认识向前推进了一步，此所谓理论逻辑。

其四，它如何应用于实践，包括实践中会面临什么问题，此所谓实践逻辑。

2. 讲生动——高一点的要求

其一，话语体系的转化。即便是用学术讲政治，也要尽可能把学术语言和政策语言转化为生活语言或者大众语言。

其二，注重节奏控制：一是整体设计课程的节奏。Carniki 说，成人的注意力通常是每 15 分钟一个单位。也就是说，超过 15 分钟，人们的注意力就会转移。既是这样，那么学员的讲课就要抓住这个节奏，每过一分钟，不妨放松一下，或者讲个笑话，或者插个小故事。二是语言表达中的节奏，不疾不速，张弛有度。

其三，以实例支持观点。即把讲理论和讲事件相结合。两个小时的课，假若从头至尾光说理论，课堂就会显得过于沉闷；而若全讲事件而不讲理论，受训者又会感觉肤浅。它要求善于用小事情讲大道理。

3. 讲服人——最高要求

其一，研究要深入，要成为真正的专家。

其二，说理要透彻，理论要彻底，才能说服人。

其三，逻辑要完整，一以贯之，避免自相矛盾。

（三）多种课程综合设置，提升理论水平

培训课程设置十分周到，《中国共产党领导依宪治国的理论与实践》这堂课，给学员以震撼。老师用深厚的理论学养和深入浅出的语言，为学员介绍了中国与外国宪法道路不同的逻辑差异，以宪法生成的权利角度和历史实践的途径，深刻地揭示了中西方法律，特别是根本大法宪法的背后差异。既生动又深刻，从语言到实例都照顾到了学员这些一般受众，让学员认识和理解到中国的宪法之路，了解到中国宪法之路的曲折和光明，让学员对于今天依法治国、依宪治国有着极大的认同感，心中充满对于宪法的敬重，也更加坚定了学员的制度自信和道路自信。同时也深切地感受到中国共产党在法治道路上的贡献，从国权到民权，都离不开学员共产党人的浴血牺牲和艰辛努力，学员的法治化进程也是依靠这个坚强的政党一步步走到今天。总而言之，通过这种多学科的课堂设置，学员的理论水平有了明显的提升。

（四）多样课堂灵活安排，开阔教学眼界

党校培训课程的设置，不仅仅有传统的课堂教学，还有新颖的案例教学和教学课程开发，特别是案例教学，让人耳目一新，十分具有启发意义。老师们在介绍案例教学时，不仅仅是让学员角色扮演身临其境，感受整体事件的压力与迫切，增加学员的课堂参与度，更为可贵的是，他们还会详细地介绍课堂的由来，为什么会有案例教学，详细解说近年来党校在课程上的改革、创新与研发；他们是如何设置这堂课的，在备课时如何分工合作，如何准备问题，如何准备答案，在时间和学员的安排上，在课堂进行过程的中的经验总结都一一的和学员进行分享。可以说老师们不仅仅是授人以鱼，更重要的是授人以渔。他们不仅仅是为学员呈现出一堂生动成功的案例教学，更重要的是让学员学习到新颖课堂的方法，让学员可以循着前辈的经验来着手开发一堂，这是最可贵也是最值得学习的地方。此外考虑到学员区县党校对于案例教学开展的困难，他们为学员指出，这是近年来党校课程改革的方向和重点，还鼓舞学员要勇于探索、勇于实践，要让老教师牵头，自己做好辅助工作，才能好好上好案例教学这堂课。

从案例到经验到历史到实践，老师们都一一讲解到位，也让学员这样一个还处在传统教学中的新人，开阔了眼界，学到了知识。希望在今后的教学实践中，用到老师们传授的知识和技巧，能够在自己的课堂上探索和实践案例教学这种新教法，为学员的学员呈现出不一样的生动的课堂效果。

四、党校（行政学院）系统师资培训意义深远

（一）党校师资培训的必要性

1. 当一名合格党校教师的需要

党校（行政学院）是政治机关、政治学校，党校（行政学院）教师政治强业务精是基本要求。根据我省干部教育培训实际，为增强教学、科研和管理服务的科学性、系统性、针对性、实效性，提高党员领导干部政治思想理论素质和服务决策能力，以及我省正在开展新旧动能转换重大工程，对党校（行政学院）系统教师提出了更高的要求。党校教师要紧跟时代步伐，提高自身业务知识和能力，不断接受新知识和新技能，不断更新自身的教育观念、专业知识和能力结构，通过不断接受培训、学习和政治实践，学习党史、新中国史，把绝对忠诚融入血脉、渗入灵魂，才能成为合格的党校教师。

2. 党校（行政学院）发展和办学能力提升的需要

师资培训的价值主要是：一是党校教学培训发展的需要。二是增加国际行政院校的交流。县（市区）委党校45岁以下的教师接近60%，已经成为教学主体，必须采取多种形式加大师资培训的力度。

（二）师资培训特色鲜明

全省党校（行政学院）系统师资培训，按照分类别、分区域、分专题的原则开展。目前班次主要分为常规班次（中长期）和重大专题培训班（短期）两类，主要体现在以下特点：

1. 培训系统化、多样化、正规化

一是培训内容系统化。既有习近平新时代中国特色社会主义思想等理论专题探讨，又有党校专题课学习活动设计、社会调查研究方法等拓展课程，还有教师大讲堂教授专题课程讲授方法。二是教学形式多样化。既有老师研讨式授课、理论专题研讨，又有现场教学、学员论坛讲演，既丰富了教学形式，又锻炼了学员。三是学员管理正规化。课程安排紧凑，培训期间的上午与下午甚至晚上，都安排了教学活动，学习过程紧张有序，采用军事化管理模式，建立了严格的请销假制

度，认真落实中组部《干部教育培训学员管理规定》、中共山东省委组织部《关于严肃培训纪律进一步加强学风建设的通知》，严格遵守培训纪律树立良好形象承诺书和参训干部十不准。

2. 参训学员专业性强、文化程度高

今年教师进修学院不惧疫情，"逆行出征"，利用暑假时间一手抓抗"疫"，一手抓培训，截至10月底共举办专题师资培训班和教师进修班10期。专题培训班有上级决策部署师资培训班、新时期党校（行政学院）教学、科研和智库建设创新师资培训班，以及面向全省党校（行政学院）系统或特定区域教师的各类专题培训班等。师资班专业性强，学员文化程度高；学员最低学历为大学本科占比分别为35%、研究生以上学历占比65%。抽样调查来看，学员举办的其他班次最低学历为专科，学历水平低于师资培训班；根据6个班次抽查中，最低学历是专科占比28%；本科生占比47%，研究生以上学历占比25%，师资培训班的学历层次明显高于其他培训班次。

3. 培训评价客观公正

学习内容决定了学员培训评价的全面性。虽然各类班次教学培训质量评价表所列内容各有侧重，但师资培训班次学员对教学培训质量要求比较高，由于上课教师的授课水平和知识点多少不一，加上有的教学内容没有经过充分论证，有的青年教师教学评价分值普遍偏低，而资深老教授引经据典讲课效果好，得到普遍好评。

（三）师资培训目标明确

坚持学术讲政治，提升教师党的理论教育和党性教育水平；注重师德和师风教育，提升科研和决策资政水平；落实学员"三带来"，实现基层党校精准培训目标。发挥学员熟悉基层一线情况优势，加强对"三带来"问题的调查研究，通过对基层党校教师培训创新做法，紧密结合实际，不断推进管理服务创新；根据基层党校的需求，实现精准培训、有效培训。形成有针对性可操作、可推广的创新工作流程，促进基层党校师资队伍建设；确保5年内将市基层党校教师轮训一遍的基础上，使基层党校教师教学科研能力得到提升，确保校（院）创新工程要求落到实处。

五、县（市区）委党校培训存在问题

对我省近 80 个基层党校问卷调研发现，还存在着以下不容忽视的问题：

（一）师资培训有时缺乏针对性和实用性

目前，教师进修学院共举办 38 期师资培训班，加之今年 9 月份校（院）举办的一个月新入职教师培训班，培训重点都放在了夯实理论功底，加深世情、国情、党情的认识上；有时还有些缺乏提升学员教学能力的单元设计和课程安排。虽然在部分师资培训班中有打磨课教学单元设计，也因为学员参与热情不高或者授课准备不足，导师碍于情面点评从而存在照顾心理，导致学员磨课流于形式亮点不够。由于校（院）没有对师资培训班的任课教师资格作出特别规定，培训前没有对任课教师的课程结构、教学环节提出特别要求；没有建立独特的师资培训考核评价体系，加之外请专家教学缺乏代表性等等，导致学员对部分课程教学效果产生抵触情绪，有些教学培训课程缺乏实用性。

（二）有时师资培训对象不够精准

有的基层党校把培训当成一种奖励措施，安排专业不对口的人员到党校培训，未按照参训范围要求组织报名，人事部门把关不严，选派与培训内容不相关人员参加培训，浪费了培训资源和培训经费。而作为主抓师资培训的省级教师进修学院工作头绪多，没有精力去认真检查基层党校报名培训人员，有的甚至市级党校直接报名，基层党校分配的名额有限，有的名额被上面截留，有的一个基层党校几年才有一个培训名额，导致基层党校培训出现空缺，师资培训效果不佳。有的培训需求调研分析不够系统全面，培训工作方案制定不够准确，缺乏精准化的干部教育培训机制，从培训对象确定到学员选调、从课程教学设计到组织实施、从培训评估到结果运用环节未进行详细认真的梳理，忽略了基层干部培训需要，没有紧密结合学员的任务和要求进行培训，培训内容和方法有偏差，难以实现对干部进行个性化的教育培训，有时师资培训不精准。

（三）培训管理有时不够严格

整体看，培训中学风不够严，干部教育培训考核管理办法标准不高，存在得过且过的照顾现象；有的参加培训人员请假过多，单位有事就随意请假回去，培训过程走马观花；有的不够重视师资培训纪律，班主任管理起来存在畏难情绪，未建立干部教育培训考核管理系统，干部培训没有与奖惩、晋升挂钩，师资培训库满足不了教师需求。

（四）个别县级（市区）委党校机构不够合理

通过对60多个县（区）级党校调查发现，每个基层党校编制30人左右，教学科研人员占60%左右，而有的基层党校教研人员中50岁以上的占一半以上，高学历人才进不来或留不住，驻扎在市内的区级党校相对好些。基层党校人才流失现象较为严重。

（五）有的党校学科专业结构设置不够合理

基层党校系统在学科建设上缺乏门类齐全的知识架构。有些老师都要充当"多面手"，而招聘的新教师刚从高校毕业，教学经验不足，无法胜任基层党校干部的培训职责。

六、县级党校精准培训的对策建议

面对基层党校师资力量薄弱的现状，应开展培训需求调查，摸清基层党校教师队伍的底数，创新教学形式和内容，坚持因需施教，因人施教，建立科学的培训管理制度和评价体系，落实"三带来"聚焦基层党校精准培训。学员年初将培训任务分解到小组，完善了工作制度和办班流程，从培训需求调研，到方案制定，课程开设，学员管理，进行了系统研究。针对市级党校教师重复报名参训的现象，狠抓教师培训管理工作，严格审核把关，杜绝占用培训资源，要求把缺训名额分配至基层党校，提高了基层党校师资参训率。学员深入研究如何搞好培训，注重创新培训方式，不断提高培训质量和水平；做好调研、提炼、固化、积累等工作，实现师资培训工作创新发展。今年省委党建领导小组明确提出，要加强县（市、区）委党校分类建设，注重乡镇（街道）党校建设，因此，强化基层党校建设措施刻不容缓。

（一）加强基层党校分类建设

基层党校直接面向基层、服务基层，是加强基层干队伍建设、夯实党的执政基础和促进国家长治久安的重要培训基地。要以中国共产党党校（行政学院）条例为指导，深化基层党校办学体制改革，扎实推进基层党校分类建设，科学制定基层党校培训任务及建设目标，2021年基本完成建设任务。加大对基层党校的统筹指导和督导力度，努力改善办学条件，做好基层党校的区域资源整合、功能布局，克服基层党校基础设施不完善因素，创新教育培训方式，提升学员理论水平和实践能力，注重回答学员关心的热点难点问题，通过开展专项研究，加强基层党校分类建设。

（二）强化基层党校品牌意识

基层党校要充分利用当地历史文化资源，优化县（区）委党校培训方案，拓展办学途径，丰富办学内容，提高办学质量，打造一批具有地方特色的专业化干部教育培训基地、精品课程和特色案例，提升基层党校教学科研工作上档次、上水平，推动基层党校特色化、差异化、品牌化发展。

（三）实现基层党校共商共建共享

基层党校教师熟悉基层，学员基层实践调查报告，是群众急盼解决、政府关注的问题，立足和解决学员需求，是党校培训的目的和职责。首先让党校学员代表走上讲台演讲，由各地基层党校学员出谋划策、解疑释惑。其次是通过开展专题讨论会，以头脑风暴的形式集体研讨，各基层党校教师群策群力，共商党校发展良方。再次通过邀请省委党校（行政学院）部室领导和党校专业的理论教师，以学员论坛的方式由专家现场点评和指导，共建党校发展新格局。通过师资培训专项活动的开展，增强了基层党校教师协调、研究和解决复杂问题的实践能力，培养了学员勤于思考、勇于担当的使命精神。

（四）加强基层党委的主体责任

要落实中国共产党党校（行政学院）工作条例，守住党校重要阵地，聚焦主课主业和主攻方向，立足科研资政，加强基层党校功能，完善提升工程，以信息化智慧校园建设为抓手，加强智库硬件建设，打造基层党校亮点。从自身实际出发，抓好党员干部教育和党校教师培训，搞好青年教师基层挂职实践锻炼，向人民学习接受人民教育，听党话、跟党走，克服基层党校师资队伍存在的"先天不足"和"倒挂"现象，强化基层党校教学科研平台建设，不断提升基层党校科研和师资水平。

（五）加强基层党校的主渠道作用

加固堡垒，让农村和县直部门党员每年都能进党校轮训一遍。建立基层党委管党校治党校创新工作机制，使其运行模式更加科学、合理、规范，助推基层党校建设规范化。按照"党校姓党"的办学宗旨，打造精品课程，改进传统教学模式，使培训学员壮筋骨、强党性，学有收获，党性锻炼大大提高。党校要创新教学和科研方法，增强看齐意识；不断把党员干部集中到党校来培训，教育大家向党中央看齐；推动基层党组织提升组织力，大力实施初心教育工程，依托基层党校，全面加强党性教育。

（六）加强基层党校主阵地建设

充分利用"学习强国"和"灯塔—党建在线"学习平台，坚持政治统领，瞄准美丽乡村建设补短板，采用形式多样的培训方式，坚持党性教育和集中培训相融合、自主学习与课堂教学相结合，针对不同领域、不同群体党员，围绕党性教育、基层党建、乡村振兴、文明实践等多个领域，精心开发基层党校现场教学点，提高基层党校教学培训的针对性有效性。要整合社会资源，建设"乡镇干部大学堂"，用好"智库＋培训"特色学习培训平台；挖掘乡土人才，完善师资库建设，打造精品课程，提高培训质量。挖掘和创建经济发展和红色文化教育基地，对党性教育基地实行目录管理，建设一批干部实训基地；拓展培训渠道，提升培训规模水平，办出特色，从学学相长到学用相长，切实提高培训实效，促进乡村振兴。

通过基层党校（行政学院）精准培训，优化基层干部的知识结构，更新思想观念。涵养基层干部敢为人先、开拓创新的勇气和魄力，对标先进、理清思路，用新的理念、新的方法解决问题，基层需要什么，基层党校就教育培训什么，要加强对基层工作人员的培训，增强为民服务意识和能力，夯实国家建设的根基。

第二节 干部培训工作

一、党员培训对象及特点

党员培训是我们党提高干部队伍的一项重要途径,是我们多年来取得革命胜利和国家建设的制胜法宝。本节的一些理论观点,将为掌握和研究干部教育规律的问题提供良好的铺垫。由于培训对象的特殊性,干部培训有别于社会上其他类型的业务培训,表现在如下四个方面,即干部培训的意义、对象、内容和特点。

（一）干部培训的意义与对象

1. 干部培训是提高干部素质的主要途径

培养干部是提高干部素质的有效方法和根本途径。要大幅度地提高党的执政能力和干部素质,就必须提高政党和干部的素质,使党在任何情况和形势下能够立于不败之地,由此对广大党员干部教育培训工作就显得更加重要和迫切。做好干部教育工作是推进干部学习的重要途径,也是建设高素质干部队伍的重要环节。

要充分认识到抓好干部教育工作,对保持党的先进性具有极其重要的意义和迫切性,要下大力提高干部队伍的整体素质。

一百多年来,学员党在长期复杂的革命实践中,几代中国共产党人铸就的优良传统和作风是不会改变的。要继承和发扬党的光荣传统和优良作风,必须加强教育工作。良好的传统和作风的形成不是一夜之间就能完成的,它必然会经历一个复杂而曲折的消解和洗礼过程。好传统的形成不易,而保持好传统则更难。新旧干部更替与合作也成为永恒的主题。选优配强干部,教育培养是前提和基础。要全面提高干部素质,必须从多个方面着手,其中最根本、最有效的方法就是加强教育培训这一基础和战略工作。

2. 干部教育的类型

根据职务级别,可分为国家级、省（部）级、地（厅）级、县（处）级、科级等不同级别。干部具有一定的民族教育背景,在工作实践中积累了丰富的实践经验。干部要具备一定的专业知识和理论水平。按需分配培训理念,自主选择培训方式，正是从这一角度考虑的。干部阅历多，经验多，学习期望值高，逻辑思维能力强，学习自主意识强。干部受教育培训是其权利义务的具体体现，要进一步规范培训工作，制订好培训规划，保证培训工作的有序开展。

（二）培训主体及特色

1. 内容

面对世界之变、历史之变和时代之变，学员党面临新的战略机遇期、新的战略任务和新的战略要求，学员要发挥马克思主义科学理论指导的鲜明政治品格和强大的政治优势，坚持运用好其中的立场观点方法，用马克思主义的科学理论武装全党和全国各族人民，学好会用习近平新时代中国特色社会主义思想，不断开辟马克思主义中国化新时代新境界。

2. 党课教育

对于党员培训，党课教育是主要内容，是根本要领，是要植入血脉的政治品格。党课教学需要以党章的重要内容为依据，解读好每个党员先进性的具体工作方向，对新老党员教育好培训好，学员平时感受到党员光荣使命在自己肩上，按照新时代党的建设总要求，加强纪律建设，精心组织党员干部理论学习，在知行合一中担当作为。

党员培训中党课每半年至少安排两次，并在"七一"期间开展全体党员讲微党课活动，结合本地区、本部门的中心工作，对全体党员和青年干部职工强化党的基本知识和党的理想信念教育，是需要长期坚持的。坚持理论联系实际，党课教育同解决现实问题相融合。

3. 业务技能培训

干部教育的重要内容之一是进行政策法规培训。政治策略是党的生命。这就要求党的干部必须具有较高的政策水平、法律素质和依法执政能力。

4. 特点

干部培训是保证党的事业顺利发展的基础工作。干部培训功能主要是更深刻地了解党的路线方针政策，更全面地掌握领导和管理工作所需的科学知识，要根据需要，注重实效。这一"需要"，当然首先是在一定时期内，由党赋予任务的政治需要。

要始终把干部思想政治工作贯穿于干部教育活动的始终，并且要脚踏实地。加强思想政治工作，不断提高干部的思想政治素质，是由党的性质和宗旨决定的，是增强党的凝聚力和战斗力的重要经验，也是干部教育工作的突出特点。

干部培训方式灵活多样重实效。目的是能提高干部的学习能力、实践能力和创新能力。干部面临的职责定位：面对压力，面对挑战，面对创新，这就要求我们的广大党员干部，特别是基层一线的全体党员一定要学习党的理论，并作为增进工作动力最重要的来源。对于干部来说，培训是为了获取知识，而知识也许并不重要。培养干部要从实际出发，培养干部要从工作实际出发，调动干部学习的积极性。我们党的干部教育工作，有其自身的特点和要求。要使干部教育取得实效，必须从实际出发，因地制宜，因材施教。通过党的干部培训学院的特色育人特点，不断满足学员个性化、高层次的培训需求。对培训方式方法进行了创新调研。要进一步加强和改进境外培训工作，把"送出去"和"请进来"结合起来。

每一次干部培训都要先谋划好课程，先征求各地区干部和党员的意见，综合研究提出的一些情况。首先要解决问题，其次要提高自己的能力。一是要从解决问题入手，设计干部教育培训。二是要以能力提升为起点进行干部教育培训。在干部教育培训中，要从受训者岗位职责的需要出发，使他们适应新的工作要求，即对受训者进行发现问题、分析判断问题、解决问题的思维培训；以促进党的先进性建设。每一次集中的教育活动，都是全体干部统一思想、解放思想的过程；每一次集中的教育活动，都是一个宣传党的主张，扩大党的影响，教育和引导群众的过程；这就要求教育活动要紧紧围绕中心、服务大局。要以群众满意为标准，避免空白点。创新党的理论阵地教育是党建工作的新起点和新基础，可以采用同志们喜闻乐见的文化形式，又要在内容上有所创新，在方法上有所借鉴，增加党建工作的新鲜感、吸引力，进一步提高党的教育管理工作水平。在一定时期内，根据新时代新任务和党内实际需要，走出去或者请进来，促使干部培训工作迈上新征程。

二、创新图书文化服务，增强培训育人作用

大数据时代，传统的图书馆文化服务，新时代图书文化全面进入数字化转型

时期，现代人们更加注重个性化、多元化体验式的文化服务需求。目前，图书馆资源利用率很低，主要表现在文化服务模式落后于时代的发展，因此，图书馆馆员要敢于担当作为，必须抓住机遇，创新服务手段，加强阅览空间功能布局优化建设，利用自身厚重的文化优势，加快图书馆服务创新和转型发展。

大数据时代的到来，市场上的文化产品越来越多，可供选择的文化消费极为广泛，人们对图书馆的应用时间自然越来越少。图书馆是教学科研的重要部门，是大学中的大学，绝不能消极等待，要利用自身文化优势，掌握当今世界图书馆的发展趋势，创新阅览文化服务发展理念，以适应当代图书馆服务的发展需求。

（一）新时代图书馆服务创新与转型势在必行

图书馆传统的阅览模式，诸如人工操作、被动服务等应用手段，文化资源利用率低，已不适应现代化阅览文化需要，严重影响图书馆阅览方式的兴趣和效果。大数据带来了阅读的便捷，人们习惯于网上阅读，已经进入了掌上阅读时代，新时代图书馆服务创新与转型发展是大势所趋。

1. 当代图书馆服务现状令人担忧

为了考察当代图书馆服务现状，历时两年多的时间，学员到陕西、浙江、江苏、福建、黑龙江、辽宁等地调查，对党校、高校图书馆及城市公共图书馆服务情况进行了综合调研，采用观察、调查和问询的方式，召开图书馆馆员座谈会，并调取读者借阅记录，高校图书文化阅读逐年呈现下降的趋势。大数据时代，普通高校的学生到图书馆多数是上自习做功课，党校培训时间短，学员上课时间紧又有异地教学，到图书馆的学员读者更是少之又少，每年馆内的藏书汗牛充栋，馆员怀有满腔热忱之心，却很少有人问津，图书馆存在虚化弱化边缘化现象。这样下去，对于有担当有责任心的图书馆馆员，是很难有所作为的，最终会浪费人力和文化资源、影响图书馆的发展和馆员的成长进步。新时代图书馆文化服务必须创新和转型，充分发挥其现代教育职能和传递信息职能。

2. 当代图书馆面临网络技术的冲击

当下人们读的书，从外观来说，几千年样式不变。新技术、新模式的威力已经初步展现；现在网络已成为人们查阅资料和搜集相关信息的重要手段，因而读者很少去图书馆借阅或查找所需要的史料，自己上网查资料节省时间用起来更方便。论文与历史典籍网上应有尽有，比读原著更得心应手，调查资料表明，对省内外一些大学师生进行调查了解后统计看出，现阶段信息电子资料早已占据主要地位并成为读者主要的信息获得手段，极少数人从书刊中搜寻自己所需要的文化资料，网络技术已成为人们学习的主渠道。

3. 当代图书馆面临文化服务模式的困扰

目前，学员的图书馆多数还停留在服务台刷卡管理模式，传统的图书馆文化服务模式已不适应市场需求。当代各种文化形式丰富多彩，走进图书馆的真正阅读的读者越来越少，相当一部分人到馆是为了复习考试，多数图书屋里的文化资料网上都有，馆里没有的文化信息网上也有。图书馆对文化的科学管理，能帮助读者便捷获取最新知识信息。大数据时代，图书馆需要改变传统服务模式，为读者提供个性化、多元化的阅览需求。

（二）新时代图书馆文化的服务创新

图书馆是一个教辅服务性职能部门，要营造人文氛围，弘扬人文精神，要了解读者、尊重读者，让师生在借阅中获得心理和行为上的满意，体现出"人文关怀"，为读者提供人性化的阅览服务。

1. 图书馆文化服务理念和目标创新

新时代图书馆要增强竞争意识，创新文化阅读服务方式，把读者当亲人，师生也会把图书馆当成自己的藏书柜。信息时代，要强化个性化服务理念，充分考虑读者的个人特点和独特的信息需求，为读者提供个性化的信息服务和检索方式。图书馆应该把阅览文化服务的重点放在对知识的挖掘、整合，促进知识的生产与传播，使之创造出新的知识并付诸新的用途。用电脑软件开发生成个性化的用户界面，实现个性化的信息处理的目标。

现代社会，读者的文化信息要求差异很大，图书馆要创新文化服务理念，围绕读者跟踪服务，要提前考量各类读者的个性化文化需求，采用现代信息技术为师生做好阅览文化服务的准备工作。

2. 图书馆文化服务内容创新

创新图书馆文化服务体系，满足读者多样化阅读要求。根据自身特点，培养创新人才，加强图书管理人员经常性技能培训，熟练掌握采集文化信息的能力，建立学科知识导航系统，提高图书馆文化服务能力和水平。建立一支特色专业化的服务队伍，开展远程网络化教育培训，与市县图书文化馆及社区书屋加强文化交流，积极开展对外宣传。利用信息资源、数据库，为师生提供图书馆文化一对一服务，当好读者的文化助理角色。加强对图书馆文化数字信息的整理，让读者足不出户就可获得馆内图书文化信息，实现图书馆文化的无障碍全时通服务。

3. 图书馆文化服务模式创新

创新图书馆文化服务模式，应主动出击主动服务。要加快图书馆数字化和信息化建设，实现资源共建共享。与地方特色资源数据库及其学科信息交流，注重资源整合、科研开发和专题数据库建设，提高传播职能和参考咨询能力，为图书馆开展智库服务打下扎实的基础。

（三）新时代图书馆文化服务转型与发展

在新时代背景下，基于创新阅读文化服务思想的视角，图书馆文化服务必须走转型发展之路，以创新转型发展满足读者对美好文化的新期待，推动阅览文化文明进步，补齐短板，提升阅览文化的吸引力。

1. 图书馆向空间功能优化与阅览推广建设转型发展

以阅览创新活动为载体，以馆藏特色文献为支撑，积极探索阅览推广空间建设，实现图书馆文化的创造性转化和创新性发展。文化走廊贴上"桃李不言"提示牌，也隐喻着来到这里需要轻声细语，把图书馆打造成现代文化艺术殿堂。

2. 校园文化服务面向精准化、自助化转型

新时代图书馆文化服务要加快转型升级步伐，充分发挥阅览功能。不断创新阅览内容和阅览理念，打造精准阅览、精细阅览、精品阅览，用创新服务满足学员的精神文化需求。一是坚持精准阅览。文化供给与需求要对齐，增加有效供给。有针对性地选购文化产品，围绕学员需求，对接培训内容，提前进行精准订购，

采集教师能够用得上学员喜欢读的书刊，找准教员与学员的契合点。二是坚持精细阅览。以精细化管理、精细化服务，推出精品力作，用有限的资源实现更大的效益。三是坚持精品阅览。书刊不在多，而在于精，人无学员有，人有学员精，建立精品台账，及时捕捉社会热点，加大典籍及精品书刊的采购积累。

以阅览模式转型升级，有力支撑阅览文化服务高质量发展。各个阅览室等都安装电子门禁系统，开设无人值守自助借阅书屋，免去了管理人员烦琐的出入方式，搞好一站式服务，提高工作效率和管理效率，降低管理成本，方便读者使用。开辟读者导引区域，如"新书快览"、"导师荐书"和"领袖著作"等；读者很容易找到自己需要的书，提升了读者的兴趣，大大提升了图书馆的利用率。

3. 图书馆文化服务以问题为导向转型

要以问题为导向，突出图书馆的文化建设氛围。要经常组织文化活动，推进图书信息服务多出成果。图书馆已经进入全面数字化转型时期，要全面加强数字资源建设，图书馆文化服务要向数字资源转型，以顺应时代的要求。

图书馆文化服务向学科资源建设转型。要建设一支学科资源业务支撑团队，规划和制订学科资源建设方案，提高图书馆的核心竞争力。加强学科资源整合及学科导航建设，把学科相关图书信息录入、扫描、加工等数字化。与科研咨询部门对接，根据课题研究人员的需要，由学科馆员负责学科信息文化保障和数据库，搭建起一个学术研究的平台，满足用户信息需求，提升信息处理能力，推动学科建设。

4. 图书馆文化服务向学术交流中心转型

图书馆是现代化城市的一个文化艺术空间，图书馆文化服务的转型要朝学习交流中心发展，让图书馆成为学习交流的文化殿堂。互联网时代，许多新知识可以从手机上获得，甚至休息空间也方便阅览古今中外发生的大事、趣闻，人们在繁忙的工作之余，到图书馆对话交流，在文化气氛浓厚的环境中，有利于产生思想的火花，对工作创新和身体健康是大有益处的。图书馆可以打造温馨的数字阅览体验空间，营造创新的文化气息，发挥在文化交流和传播的优势，激发人们创新的活力，加快建设创新型社会。图书馆要着力打造高端服务品牌，搭建高端学术交流平台，邀请国内外资深编辑、知名学者介绍经验，启发师生思维，拓展思路；重视开放研究的成果及影响力，解答师生普遍关心的论文撰写问题，助力学术发展。

在图书馆转型发展中，要做好学术空间设计，图书馆的发展经历了从藏到借的历史进程，新时代图书馆发展定位于学习、交流和体验，大众创业万众创新的热潮已蓬勃兴起，要提升图书馆创新服务能力，把图书馆打造成灵感空间、学习空间、创客空间和交流空间，并通过人们的参与来构建一个面向全社会的开放服务平台。

大数据时代，图书馆将更加注重人的需求、开放性、生态环境和资源融合，致力于促进知识流通，创新交流，注重多元素养和激发社群活力。图书馆文化的服务模式必须做出改变，在探索创新与转型发展的路上，每一个人机会是均等的，通过图书馆文化服务的创新与转型发展，提升图书馆的核心竞争力，跟上时代发展的步伐，满足读者对美好文化生活的需求。

5. 以"四化"为标准的转型

面对时代主题带来的种种挑战，培训工作是为了找出科学的对策。在实现中华民族由衰亡到繁荣，实现中华民族伟大复兴的过程中。以"四化"为标准培养人才，在改革开放的新时期，重新成为干部教育培训的重点。必须对缺乏"德"的党员干部进行"补"，不断提高党性修养。党的教育培训工作的任务是艰巨而复杂的，党性教育是整个干部教育培训工作的基础环节。学员应该经常这样做，将传统的灌输式的党性教育转变为党员干部党性提高的自学员需要。党性不仅仅是思想上的，更是行动上的，是知行合一的。

学员党坚持创新，在革命年代走"农村包围城市，武装夺取政权"的革命新路；现在走"建设有中国特色社会主义"的改革开放之路。干部教育培训工作服务于党的中心任务，同样需要不断创新。

三、开展大学生军训，增强大学生文化自信

军训是培育民族精神的重要阵地。所谓"文化自信"，就是相信华夏文化为建设社会主义文化强国提供丰富的思想资源，相信中华民族能屹立于世界文化之林，培养大学生自强的优秀品格，提高大学生学习科学文化的毅力，培养大学生爱

祖国、爱人民的优秀品质，增强大学生文化自信。开展国防教育，能带动和提升全民族的爱国主义精神，对实现中华民族伟大复兴的中国梦具有深远的战略意义。

（一）国防教育对增强大学生文化自信的必要性。

1. 增强爱国意识

新形势下大学生集体意识和爱国意识淡薄。加强国防教育，提高大学生的爱国思想和民族文化自信；要建章立制，国防教育的基础要夯实筑牢。使大学生充分了解中国防政策，激发大学生对民族文化的自信和热爱。

2. 提升文化自信

基于建设中华文化强国的背景和时代要求。当下外来文化受热捧，华夏文化受冲击，少数人对中国文化感到迷茫。文化是国家的"软实力"，是民族的血脉，是人民的精神家园。高校要把国防教育作为增强大学生文化自信的突破口，切实发挥其在培养创新型人才和校园文化建设中的作用。进行国防教育，就是让大学生养成爱国的思想、爱国的精神，凝聚智慧和力量，为振兴中华和民族繁荣昌盛提供更多的青年人才。国防教育是高校进行集体主义和爱国主义宣传的好形式好方法，是磨炼大学生文化自信的一块阵地。

近年来，山东行政学院不断创新国防教育的方法和途径，增强了大学生的文化自信。每年征订30多种军队国防教育报纸期刊和书籍，为高校国防教育提供理论支撑。聘请专家为大学上国防教育课，注重国防教育对大学生文化自信的培养，广大学生向往军营文化，踊跃参军报国，努力把广大学生锤炼成为国防后备军和国家栋梁之材。

（二）国防教育对增强大学生文化自信的作用与效果。

1. 国防教育能增强大学生对民族文化的自豪感

深入开展国防教育，大力弘扬爱国主义，加强爱国主义教育基地建设，能进一步增强爱国主义信念、爱国情怀和文化自信。同学们能自觉地学习和发展民族文化传统，"取其精华，去其糟粕"，借鉴世界文化成果为学员所用，成为中华文化的传承人和生力军，使中华民族文化成为不可战胜的伟大力量。山东行政学院坚持以学生为育人中心，不断创新国防教育，不仅讲学员积贫积弱、饱受屈辱的历史，也讲中华民族坚强不屈百折不挠的雄狮品格，增强大学生的文化自信。在规划学生教育工作时，学院力图通过国防教育激发学生的梦想、潜质和能力，激励学生在文化修养中完善自学员，提升了文化自信力，增进了社会责任感。激励学生在文化感悟中热爱祖国、奉献社会。增强学生在成长过程中的文化自信，给他们打上了与祖国同命运的烙印。学院文化艺术中心近千件文化艺术品设为展览区，承担着民族文化的凝练、传承、引领，每年举办书法及绘画比赛，提高大学生文艺欣赏水平，增强了大学生对民族文化的自豪感。

2. 国防教育能增强大学生对民族文化自信的创新意识

青年人良好的国防素质，是捍卫国家主权和领土安全的保证。国防观念的强弱，关系到国家的存亡，民族的兴衰。通过军事训练，有利于增强大学生对民族文化的自信。国防教育工作，能提高和普及大学生的知识技能和民族自尊心；国防教育本身就是爱国主义的有效载体，能激发学生独立思考和创新的意识，更好地爱祖国爱人民。国防教育所依托的军事学是一门综合性学科，学习并实践之，有利于大学生创造和发展灿烂的民族文化。

在国防教育实践中，山东行政学院社团以"责任、感恩"为主题，到双拥模范城"六连冠"章丘参观学习，发动青年团员积极参加当地公益事业。2008年11月26日学院爱心协会的同学到省荣军医院看望老军人；2009年4月4日慰问白血病战士；2013年11月多次到偏僻的山区章丘市石匣村看望农村孤寡老人，给他们送去近万元的生活用品，为寒冬中的老人带来了温暖，给村里的孩子送去了希望，折射出大学生对民族孝文化的自信。

3. 国防教育有利于提高大学生科学文化素质的自信

高校国防教育，主要以理论教学和军事训练为主。国防教育围绕高科技战争进行，传授现代军事高技术知识，通过对大学生进行队列以及体能等方面的军事技能训练，能提高大学生的心理健康素质和科学文化水平，丰富其人格修养，提高大学生学习科学文化的毅力，增强对科学文化学习的自信。

（三）增强大学生文化自信，开展国防教育的措施

国防教育是一个系统工程，要搞好综合管理和训练，以求实现增强大学生文化自信的目标。

国防教育法规定，开展国防教育是实施素质教育的重要内容。学生军训是普通高校的必修课，学校要纳入教学计划；学生学习必要的军事技能，激发爱国热情，有助于培育大学生的民族精神，在国防教育中汇聚文化自信的力量。

1. 加强领导，把国防教育工作落到实处

开展大学生国防教育，高校必须加强对国防教育的领导，提高国防教育重要性的认识。首先，制定科学、合理的国防教育计划，建立一支素质过硬的国防教育师资队伍，要重视将具有较强的组织指挥能力和实际教学经验的军队转业干部充实到教学队伍中来，高校要有明确的衡量标准，切实达到国防教育能增强大学生对民族文化的自信。其次军事技能训练内容要落地见效，训练过的内容不再重复进行，特别要避免用"踢正步"代替军事技能训练，要增加轻武器射击、单兵战术、综合训练等内容，增强大学生的军营文化自信。

2. 大力宣传国防政策，营造良好的国防教育氛围

开展国防教育，要大力宣传国防政策，增强大学生爱国主义思想。使大学生充分了解国防教育的现状、国防教育的重要性，树立献身国家、使命光荣的信念。高校可利用国防教育日、校园网站、广播等宣传阵地，开展一系列的国防教育活动，丰富大学生的国防知识，培养大学生的爱国主义精神。通过课堂专题教学、征兵宣传等形式，组织学生学习《兵役法》、《国防教育法》等，增强其履行国防职责的自觉性。同时举办演讲会、征文比赛等活动，开展"国防教育宣传周"主题实践教育，强化大学生国防观念，培养爱国主义热情，增强大学生对军队文化的热爱。

3. 搞好军地共建，共创国防教育新篇章

几年来，山东行政学院先后与驻济部队、济南武警支队等建立了国防教育共建体系。每年新生一入学，就邀请驻济南部队的指战员为学生进行军训，进行队列训练、整理内务、练习军体拳、学唱军歌等军事技能，强健体魄，磨练意志，提高国防技能。同时，学校组织学生走进军营参观学习，让学生体验军事化生活，着力培养其严格的组织纪律性。消防大队和驻济部队定期派官兵到学校指导国防教育工作，协助学校进行消防演练、防空演习，不断密切军民关系，共创国防教

育新篇章。

国防教育以爱国主义为精髓，开展国防教育，是培养大学生爱祖国、爱人民，从而甘于奉献的崇高道德品质的客观要求。使大学生深刻理解华夏文化在中国历史长河中的伟大民族精神，培养自信、自强的优秀品格，主动肩负起应有的社会责任和民族重担；大力开展国防教育，增强大学生文化自信，能带动和提升全民族的爱国主义精神，对实现中华民族伟大复兴的中国梦具有深远的战略意义。

第三节 沂蒙精神的教育作用

一、沂蒙精神内涵及教育机制

（一）沂蒙精神内涵

沂蒙精神是军民水乳交融、生死与共铸就的。沂蒙精神是党的精神谱系的重要一页，具有独特的地位，是党的初心和使命的集中体现，其独特内涵在于水乳交融、生死与共的党群干群军民关系。以课程为重点，以活动为载体，积极推进沂蒙精神教育进校园、进课程、进头脑，有效引导广大青少年树立和践行社会主义核心价值观。构建沂蒙精神教育课程体系，结合德育工程，因地制宜开发沂蒙精神主题课程，构建实践体系，提升育人效益。倡导资金支持红色资源进校园，重温红色历史，讲述红色故事，通过开发情景剧、排演校园红色文艺作品、拍摄微电影等方式，在潜移默化中将沂蒙精神融入青少年血脉。树立和表彰校园艺术表演人才，激发学校创造创新活力，提升立德树人实效。

"国之于教育，国之于教师"，结合我国中小学教师队伍建设的实际情况，制定学校教师培训规划和培养目标，全面提高教师的政治思想素质、师德修养、教改意识和科研能力。

（二）研究沂蒙精神

沂蒙精神是一个历久弥新的系统工程，是齐鲁优秀传统文化基因与时代旋律相结合的产物，具有深刻的人文内涵和独特的时代价值。从理论逻辑分析来看，齐鲁文化孕育了沂蒙精神，沂蒙精神是对齐鲁优秀文化的继承发展；新时代弘扬沂蒙精神，明确其历史文化内涵，深入挖掘齐鲁文化的主体精神，实现齐鲁优秀传统文化的创新发展，是时代赋予学员的历史使命，又对弘扬沂蒙精神的时代价值具有推动作用。通过对沂蒙精神研究，探索沂蒙精神对齐鲁优秀传统文化的传承与创新方法，学习借鉴井冈山、延安等地好的做法，根据沂蒙精神的特点，开发多种形式的培训课程。推广体验式教学、互动教学等方式，增强教学吸引力，开发重走突围路、沂蒙人民小推车支前队等宣传推广模式，努力打造一批高质量文艺作品，从而提高学员参与度，增加培训的吸引力，真正让学员体悟什么是"一次沂蒙行、一生沂蒙情"。传承和弘扬沂蒙精神，需要加强齐鲁优秀传统文化的大公无私教育，用红色文化涵养正气，用优良传统滋养人心。沂蒙精神是坚持党的初心与使命的生动体现，弘扬沂蒙精神；要积极建设红色文化传承机制，发扬沂蒙精神的忠诚担当、无私奉献，做到党性和人民性高度统一，呈现人民一心向党，党全心全意为人民，营造出密切的党群关系。践行水乳交融、生死与共的沂蒙精神，关键在于不断强化党性锻炼，做到"不忘初心、牢记使命"，强化党的

基层组织建设，不断提升基层党组织的凝聚力、战斗力。加强沂蒙精神对齐鲁优秀传统文化传承研究；让精神文化创新成果走进现实，给人们提供精神食粮，可带动当地旅游发展，造福于人民和社会。该项目既从理论上探讨，又从实践中总结，操作性强，推动沂蒙精神对齐鲁优秀传统文化的传承与创新研究，对于实现中华民族伟大复兴具有十分重要的作用。

（三）把沂蒙精神作为师德文化建设的内容

沂蒙精神集中体现了山东人民在不同历史时期的精神风貌，是对齐鲁优秀传统文化的创新和发展，是中华民族的宝贵精神财富。沂蒙精神对传承齐鲁优秀传统文化具有现实价值，新时期加强沂蒙精神的传承与弘扬，已成为振兴中华的强大精神力量；有利于把中华民族凝聚起来，重新走上世界的顶端，对振兴中华和民族大团结具有重要作用。

沂蒙精神是一座高山，巍然屹立在齐鲁大地，是齐鲁大地和山东人民最具代表性的精神标识；沂蒙精神是沂蒙山和齐鲁优秀传统文化浑然而成的，是战争年代沂蒙人民的一次伟大思想觉醒，是沂蒙人民开拓创新实践的结果，具有开放包容、兼收并蓄的特点，是齐鲁优秀传统文化的提炼升华和时代之魂。新时代深入挖掘沂蒙精神蕴含的思想观念、人文精神、道德规范，寻觅中华文明的历史根脉，探索齐鲁优秀传统文化与沂蒙精神的内在逻辑，研究沂蒙精神的时代价值，结合时代要求继承创新，使沂蒙精神对齐鲁优秀传统文化传承中展现出强大的时代精神动力。

（四）培训机制

注重教师专业能力培训和教育管理岗位培训。面对高校校园文化专业发展的需要，选择培训课程、形式和时间。确保全体老师积极参与培训，充分发挥主体作用，确保学有所成。

构建科学的培训机制。教师可以自主选择参加培训，甚至出国进修。开展远程教育培训工作，利用线上教学为教师培训提供研讨借鉴，受训老师也方便选择自己所欣赏的培训讲师，学习授课技巧和备课方法，使讲课方法在学习中更受欢迎，提高培训的效率。

二、党校师资培训

（一）意义

为进一步改进教学方法，提高教学质量，增强培训针对性，校（院）在学制三个月的班次开展学员"三带来"，实施省委、省政府重大战略决策中最关注的问题。今年校（院）工作要点实施方案中，对做好全省党校系统师资培训提出了明确意见；为进一步增强培训工作的针对性和实效性，明确了具体的工作方向。培训着眼于实践创新，围绕本职工作，立足部室职责职能，贯彻新发展理念，通过调研，从学员中来再回到学员中去，经受实践检验，科学总结管理服务创新思路和做法，为全省党校（行政学院）师资培训蹚出一条新路，让参训学员满意，推动形成培训创新实效，对于全省党校（行政学院）系统师资培训具有理论价值和实践意义。

（二）现状

目前，一些学者、教授对于党校师资培训研究，集中体现在校园建设、参训数量等方面，培训提出以学员"三带来"为抓手，增强党校教师教研资政能力，在党校教学培训创新方面，取得一些值得借鉴的经验。

以教师进修创新团队为依托，建立健全管理服务体制机制，加强对学员"三带来"问题的研究，推进党校师资培训创新，不断改进全省党校（行政学院）师资培训工作。针对全省党校（行政学院）系统教师队伍建设及培训需求现状，认真梳理近年来师资培训中学员反映的一些问题和存在的一些突出问题，有的党校存在师资力量薄弱，教学及科研力量不足，培训班主体班次课程缺乏"师资培训"特色；培训针对性、实效性不强，未达到良好培训效果。因此，加强党校培训需求研究很有必要。

以培训需求为着力点，提高党校培训质量。面对党校教师在提高教学能力和教学水平方面面临许多难题，影响了党校整体教学能力和教学水平的提高。开展培训需求调查，创新教学形式和内容，坚持因需施教，建立科学的培训管理制度和评价体系，以"三带来"为问题导向，完善培训制度和办班流程，从培训需求调研，到方案制定，课程开设，学员管理，教学手册印制，现场教学实施，教学培训评价等，进行了系统性研究。通过一定的手段和标准来检验培训实效。党校作为政治机关和政治学校，要有搞好培训需求调研的责任感和使命感，包括合适的自学员监督和自学员调整，都是党校教学培训不可或缺的重要部分。

（三）拟采取的措施

为了提高干部培训针对性，提升学员理论水平和实践能力，党校要结合教学计划安排，将"三带来"贯穿和体现于主体班培训全过程。立足学员需求，充分发挥学员主观能动性，采取以下措施解决学员的"三带来"问题，首先是让学员代表走上讲台，通过开展"微课堂"的形式让学员自学员消化一批问题。其次是通过开展专题讨论会，以头脑风暴的形式集体讨论研究一批问题。开展培训需求调研，消化和解决了学员带来的一大批问题，增强了学员研究和解决复杂问题的实践能力。

（四）拟取得的创新实践成果

党校培训以需求调研为根基。坚持"三带来"问题导向，解决党校师资队伍建设难题，因地制宜，有针对性开展党校（行政学院）系统师资培训，推动党校建设高质量发展。发挥学员熟悉基层一线情况优势，发挥学员在党校培训需求中主体作用，形成有针对性可操作、可推广的培训工作流程，打造党校培训工作的新亮点，创新一批师资培训实践成果。通过开展党校培训需求专项活动和课题研究，培养锻炼学员以问题为导向的学习意识，增强学员的政治能力和解决实际问题能力。

（五）培训成效

学员立足部室培训任务，开辟新时代培训路径，通过调研，从学员中来再回到学员中去，科学总结管理服务创新思路和做法，推动师资培训工作落实落细，为全省党校（行政学院）师资培训淌出一条新路，让参训学员满意，推动形成培训创新实效。

提出"三带来"问题，有利于学员善学善思。"三带来"形成过程，是学员学习、思考、再学习、再思考的过程,并运用到具体实际中去。组织学员通过对"三带来"问题的问卷调查、案例剖析、实地考察等方式,分析问题原因,提出对策建议,紧扣当地新要求,形成资政理论成果。培养了新时代青年干部勇于担当、敢于创新、善于作为的奉献精神。解决"三带来"问题,有利于学员善作善成。立足学员需求,充分发挥学员主观能动性,通过解决学员"三带来"问题,推动解决基层存在多年的难点和堵点。首先是让学员代表走上讲台,通过开展学员论坛让学员自学员消化一批问题。其次是通过开展专题研讨,集体讨论研究一批问题。最后是通过邀请专家、教授,现场指导解疑释惑。通过开展研讨活动,提升了学员的组织能力,扩大了理论知识面,增强了协调解决复杂问题的实践能力。

紧扣基层群众需要,持续开展基层调研,从构建新发展格局推动高质量发展着手,促进提高基层群众的获得感和幸福感,基层干部群众的政治和文化生活有共同进步。针对"三带来"问题的具体任务、目标等内容,谋划教学专题,融入主体班教学;实现党校培训与学员之间的良性互动,做到共同参与、整体推进。切实增强解决基层问题的意识,进一步提升主课地位、强化问题导向、深化教学改革,让主业主课教学更有吸引力,让学员学有所感、学有所获、学有所成。

聚焦"三带来"问题,提升培训效果。聚焦省、市重大决策部署和工作实际,围绕基层的问题清单,组建调研团队开展专题调研,发挥理论研究优势和智库作用,建言献策、服务中心,切实履行好党校参谋智囊的重要职责。充分发挥教师和学员两支队伍作用,将教师理论优势与学员实践优势互补互通,完善落实学员"三带来"融入教学、融入调研的机制,组织指导主体班学员成立调研小组,坚持问题导向、实践取向开展调研出成果。

召开专题研讨会,学员在入学"三带来"问题基础上,加之在党校培训中新的思考,学员踊跃发言,各抒己见,气氛热烈。任课老师分别与学员们进行了互动交流,共同探讨解决对策。研讨充分发挥了学员主体作用和教师的主导作用,体现了教学相长、学学相长的教学特点。学员们的发言展现了前期学习的成果,既体现了深入的思考,也彰显了思想理论的高度。实践证明,这种带着问题带着思考的互动研讨很有针对性和实效性,学员中各种思想碰撞产生智慧的火花。

解决了按需施教问题。本研究项目提出以学员"三带来"为抓手，增强学员教研资政能力，在党校教学培训创新方面，取得一些值得借鉴的经验。

以培训需求为着力点，开展培训需求调查，创新教学形式和内容，坚持因需施教，建立科学的培训管理制度和评价体系，以"三带来"为问题导向，完善培训制度和办班流程，从培训需求调研，到方案制定，课程开设，学员管理，教学手册印制，现场教学实施，教学培训评价等，进行了系统性研究。通过教学评估来检验培训实效，党校（行政学院）系统教学能力和教学水平显著提高。

提高了师资培训精准度。面对党校师资力量薄弱的现状，开展培训需求调查，摸清各级党校教师队伍的底数，创新教学形式和内容，坚持因需施教，因人施教，建立科学的培训管理制度和评价体系，落实"三带来"聚焦党校精准培训。学员年初将培训任务分解到小组，完善了工作制度和办班流程，从培训需求调研，到方案制订，课程开设，学员管理，教学手册印制，异地教学实施，教学培训评价等，进行了系统研究。针对有些党校教师重复报名参训的现象，狠抓教师培训管理工作，严格审核把关，杜绝占用培训资源，要求把缺训名额分配至基层党校，提高了基层党校师资参训率。学员深入研究如何搞好培训，注重创新培训方式，不断提高培训质量和水平；做好调研、提炼、固化、积累等工作，实现师资培训工作创新发展。

管理服务创新工程成效明显。立足学员"三带来"要求，加强党校培训需求调研，坚持"三带来"问题导向，解决了党校（行政学院）师资培训中存在的培训内容脱离实际、培训形式单一、培训缺乏创新等问题。根据学员的不同情况，因地制宜，按需施教，有针对性开展党校（行政学院）系统师资培训，推动党校建设高质量发展。发挥学员熟悉基层一线情况优势，发挥学员在党校培训需求中主体作用，形成了有针对性可操作、可推广的培训工作流程，打造党校（行政学院）师资培训工作的新亮点，开发和创新一批全省党校（行政学院）师资培训教学实践基地和党性教育点；通过开展党校培训需求专项课题研究，锻炼了学员问题导向意识，增强了学员政治能力和解决实际问题能力；对98个县（市、区）级党校问卷调查，满意率达到99.6%。

（六）党校培训重点方向

通过创新培训方法，对党校如何做好学员培训、增强学员培训工作的实效性指明了方向。

党校要结合教学计划安排，将"三带来"贯穿和体现于主体班培训全过程。立足学员需求，充分发挥学员主观能动性，采取以下措施解决学员的"三带来"问题，首先是让学员代表走上讲台，通过开展"微课堂"的形式让学员自学员消化一批问题。其次是通过开展专题讨论会，以头脑风暴的形式集体讨论研究一批问题。

积极打造党建精品课程，使培训学员壮筋骨、强党性，党性锻炼大大提高。党校要创新教学和科研方法，增强看齐意识；教育学员向党中央看齐；推动基层党组织提升组织力，大力实施初心教育工程，依托党校加强党员干部的党性教育。加大对基层党校督导力度，努力改善办学条件，做好基层党校的区域资源整合、功能布局，强化和改善基层党校基础设施建设，创新教育培训方式，提升学员理论水平和实践能力，注重回答学员关心的热点难点问题，通过开展专项研究，扎实推进基层党校分类建设。

第二章 沂蒙精神强化师德文化建设

师德是教育之本,是塑造人类灵魂的源泉。借鉴前人对师德文化建设的研究,深入挖掘和剖析高校师德文化建设历史价值和现实意义,促进校园师德文化、和谐校园文化和社会主义先进文化的光辉灿烂。高校师德文化建设,重在培育良好师德文化。要积极发挥文化传承创新作用,着力激发高校教师形成善良的道德意愿。同时,师德培训也是教师培训和党员干部培训的基础,良好的师德文化是教师和党员干部教育培训中的品质保证,是促进教师和党员干部培训朝着良好方向前进发展的基础。本章共包括三节:师德文化建设综述、师德文化建设的内容、师德文化建设机制。

第一节 师德文化建设综述

一、师德文化建设意义、创新措施

(一)意义

加强师资培训,是党校事业发展应有之义,也是必然选择、现实需要。师资培训是党校事业发展的关键。党校(行政学院)人才队伍建设的重点是师资队伍建设。党校骨干用实际行动影响和带动学员,上级党校需要经常性地对各基层党校进行业务指导,关心和支持县级党校的师资队伍和党校事业发展。

"云讲堂"模式有效破解师资培训时间和地域的限制,极大提高培训效率。要做好师资培训工作,让受训教师工作、学习两不误,就需要用好"云讲堂",

让"云讲堂"成为教师汲取知识力量的"新海洋""加油站",提升他们的学习成效。"云讲堂"模式能够有效破解师资培训时间和地域的限制,极大提高培训效率。通过"云讲堂"扩大教育培训覆盖率,共享优质师资资源,增强教育培训鲜活度,提升教育培训精准度。

"云讲堂"是时代发展的必然,也是师资培训模式的创新。借用线上和线下相结合的方式,能够进一步地提升师资培训的学习成效,提升整个教师队伍的质量,为高水平地推动党校(行政学院)工作做好准备。

(二)创新措施

面对新形势,经过专家论证提出,要创新培训形式,拓展培训载体,用足用好线上资源,形成"线上线下相结合"的全方位立体式培训,推进全省党校(行政学院)系统师资队伍建设。

经过认真论证,"种金顶云讲堂"线上师资培训项目应时应需推出。依托"种金顶云讲堂",开始尝试推出"每周一课"线上课程,之后又尝试推出"专题培训班",及时响应了党的十九届五中全会精神的宣讲学习和教师"四史"知识培训、调查研究能力提升培训的迫切需求。在时间设置上,"每周一课",固定在工作日每周周四下午开播,面向全省党校(行政学院)系统全体教师,邀请校(院)内外专家直播授课,重在响应教师需求,提供可选择供给;"专题培训班"根据党的最新理论、重大创新成果学习贯彻需要和教师能力素质提升需要,即时举办,重在集中就某一主题讲深讲透。一固定、一即时,机动性、灵活性和时效性有机结合,初步构建起师资培训线上线下相结合的培训架构,成为实体班次培训的有效补充,解决了实体班次培训受疫情、教学资源、工学矛盾、实际体量等多种因素制约难以满足需求的现实,与实体班次培训形成主辅相宜、各有侧重的师资培训格局。

在目前已经开设的"种金顶云讲堂"线上课程的基础上,准备采取的以下措施,以"种金顶云讲堂"为依托,加强线上师资培训课程设计,构建更加科学有效的线上培训格局。

一是广泛深入调研,对中央党校(国家行政学院)、其他省级党校经验做法及基层党校需求等方面广泛深入调研，汲取成功经验，了解党校师资培训需求，扎实做好供需对接的准备。

二是开展好线上"云讲堂"培训效果的科学有效评估，通过对授课教师、参训教师"教与学"效果的评估，增强线上培训的互动效果，促进培训质量的提升。

三是加强对党校教师素养要求研究，有针对性地设计线上线下相结合的师资培训课程体系，使"种金顶云讲堂"逐步完善形成更加健全的全域模式。

四是研究模块式、菜单式的互动选择机制，增加线上培训的适配度，使培训对象可以按需所取。

二、网络培训体系建设及预期成果

一是要达到即时性。第一时间宣讲党的最新理论成果、第一时间解读党的重大政策和重要决议、第一时间回应系统教师的最迫切的需要、第一时间服务基层党校培训工作需要。网络授课供给端、需求侧对接的便捷性，实现"第一时间"的可能性。

二是实现可期性。"每周一课"固定工作日每周四开讲，主题提前告知，课程设置24小时回放。固定时间，有效解决"需求侧"的工学矛盾，参学教师可以灵活调整自己的工作，预留出时间。即使调无可调，还有24小时回放。

三是做到可选择性。"每周一课""专题培训班"主题、授课教师等内容，提前告知各级党校，不搞强制性要求。各级党校教师可以个人自行收看也可以组织集中收看，可以选择参学也可以不收看，参学地点也由个人自行选择，等等，全部以敞开式、菜单式的模式服务于全省党校（行政学院）系统教师，极大地提高学习效果。

四是传播高效性。云讲堂与实体的培训班、专家讲座、外请报告等实现有机衔接，整合利用各方面、各类资源，对高品质课程、热点专题报告等，征得同意后及时提供给"需求侧"，有效地扩大受众群体，实现优质资源效益最大化。同时，也极大地丰富师资力量，提升培训品质。

五是资源集约性。与实体班次相比较，资源集约性尤为突出。实体班次从需求调研、结果论证到组织实施，周期相对较长，云讲堂可以在线上即时组织实施。云讲堂不受制于教学场地、交通等多方面因素的影响，灵活性、便捷性尤其高，且培训成本几乎为零，从而充分克服实体班次培训宣讲规模小的一系列问题，实现培训资源的节约利用。

创新实践成果。通过调研、评估，科学设计线上培训课程体系，形成模块式、菜单式的互动选择机制，从而实现以"种金顶云讲堂"为依托的线上培训格局构建，完成本管理服务支撑项目创新任务，并形成经验总结材料或做法发表推广。

三、师德文化教育尊重差异，实施个性化教育

春秋时代，孔子周游列国，广收弟子，培养造就了大批治国栋梁之材，个性化教育是很重要的。孔子在教育中通过谈话、观察，了解学生的言行举止，由表及里地洞察学生的内心世界，从中进行分类归纳。学生埋头苦读，从不多言，在孔子看来也各有特长，孔子对弟子性格差异的研究也非常透彻。

孔子在熟悉观察学生特点和个性的基础上，有针对性地进行教育，从而实现共同进步、共同发展的教育目的。《论语》中记载，学生冉求做事胆子很小，遇事畏缩不前，孔子鼓励他大胆去做；子路胆子大，遇事轻率鲁莽，做事不稳重，抑制他一下，使他谨慎些。针对学生智能的高低和不同年龄层次的特点，孔子也进行不同的教学，讲究由浅入深，因人而异，教学侧重点也不同。新时代，实施传统文化教育要尊重学生的个性，培养学生的创造性、创新性精神，学校教育要与时俱进，推进教育的现代化、多样化。要开展丰富多彩的活动，以发展学生的个性。首先要教育学生正确认识自己。针对学生的个性特点，帮助他们找到一条最能鲜明地发挥个人创造性的路径。其次，要教育学生敢于面对生活的挑战，让学生有经受挫折的耐力，有面对磨难的韧性，有摆脱困境的勇气，为学生自主创新观念的确立开辟道路，以良好的心理状态面对人生的挑战。

实施个性化传统文化教育，要充分发挥学生的主体作用。在教学上先让学生认真思考，当学生进入积极思维状态时教师才适时地诱导、启发他，帮助学生打开知识的大门，达到举一反三的目的，引发学生向更高的思维层次推进。教学

中注意难易程度适当，同时要善于运用学生的学习兴趣，使其"好学"、"乐学"，始终感到"学如不及，犹恐失之"，处于"欲罢不能"的状态。坚持以学生为主体的教育理念，培养学生独立探索和创新的精神，最大限度地发挥学生学习的主动性和创造性，锻造合格的创新人才。

"学而不思则罔，思而不学则殆。"学思结合解决了掌握知识与发展思维的矛盾，这是教育实践中遵循的一个重要原则，学思结合的目的是创新，孔子强调教育学生贵在创新，重要的是形成创新能力。创新是一个民族的灵魂，是一个国家兴旺发达的不竭动力。学校教育创新主要表现在以下三个方面：其一是教学管理内容的创新上。首先帮助学生了解社会、认识社会、适应社会，解决在社会中碰到的问题，提高学生的是非辨别能力，形成符合社会要求的思想理念。其二是教学管理的形式创新上。要放手让学生参与教学管理，开展生动活泼的各种实践活动，最大限度地调动学生的积极性。其三是教学管理的方法创新上。教师要及时更新知识，否则会误人子弟。教师必须树立终身学习的思想，才能使自己的教学永具磁石般的魅力。

当今社会，人们精神的迷茫，使现代人陷入了生存意义的危机。新时代学校传统文化教育要重视学生的生命教育，引导学生走好人生之路。要把学校教学生活化作为基本价值取向，学校不仅要把传递知识作为自己的使命，还应注重学生人格培养和心灵的唤醒，使学生用心去体验和感悟生活的价值。首先要教育学生珍视生命、保护生命；珍视生命不仅是珍爱自己的生命，还要学会关爱，学会敬畏。其次要让学生感悟生命的意义。要教育学生通过尊重和珍惜自己的生命，而尊重他人乃至世间万物的生命，解放学生的心灵，融入自然，培养博大而深沉的情怀。再次实施情感教育，培养学生的人文关怀精神，热爱学生，赏识学生，创造一个充满生命活力利于学生成长的环境，教育学生学会欣赏他人，与世界共融，共同获得发展。

学校传统文化教育要求教师有强烈的责任心，爱岗敬业、教书育人、为人师表，把学生视为己出。学生涉世未深，难免会犯错误，教师要有宽容心，有爱心，宽容学生身上的小毛病；对学生教育要耐心细致，不能急于求成。新时代学校传统文化教育要重视教师的示范作用，教师的职业劳动是一种用人格力量培养人格，以灵魂塑造灵魂的劳动。要以身作则，言传身教，把"有言之教"和"无言之教"结合起来。让教师形象形成一种巨大的教育力量，榜样的力量是无穷的。

两千五百年前孔子就提出教育要从做人开始，这在中外教育史上是具有里程碑意义的。新时代学校教育肩负着育人的神圣使命，真诚地关爱每一个学生，做一名合格的人民教师。

第二节 师德文化建设的内容

文化是人类发展的精神动力，是社会进步的灵魂。在建设和谐高校的进程中，要重视和谐师德文化建设，师德文化建设要与时俱进；做好师德文化的优化组合，发展有自己特色的师德文化，促进和谐高校又好又快发展。和谐高校是校园内人与人、人与社会等处于协调稳定、健康发展的状态；和谐能营造高品位的文化氛围，创建师生身心愉悦的环境，让师生去思考感悟，净化灵魂，完善自己，和谐的高校人际关系是师生共同的福祉。文化是人类发展的精神动力，是社会进步的灵魂。加强高校师德文化建设有利于培养和谐人才，促进人的个性发展，建设特色鲜明、静雅和谐的高校。因此，构建和谐高校关键在于和谐文化建设；加强高校师德文化建设，意义十分重大。

一、师德文化建设的重要性

教书育人，启迪思想，升华精神，教师是潜移默化影响学生品格的灵魂导师。老师引导学生的观点、思想，改变学生的思维方式，对学生形成独立的世界观起着重要作用。

政治素质和思想品德的好坏，对未来一批青少年的健康成长有着重大的影响，加强师德文化建设不是单边提高教师自身道德水平，而是具有培养优秀学生、加强祖国建设、实现祖国繁荣富强的深远意义，要切实抓好。

教师职业道德，是指教师在开展教学、管理、服务等教育活动过程中形成的较为稳定的道德观念、道德行为规范、道德品质和思想作风，包括对政治的关心和了解,对工作的热爱和投入,对同事的团结与合作,对学生的尊重与爱护,对学术的严谨与进取以及自我提高的综合状态。师德文化是中华传统文化的精华,它能反映教师队伍的职业道德水平、学校风气、教师的教学能力和才智,影响教育教学质量和水平的提高。总之,加强师德文化建设,是促进学校教育可持续发展的重要保障。

实现中华民族伟大复兴,教育绝不能缺席,也绝不会缺席,一定从思想上和行动上推动教育改革。但从建设教育强国的角度看,加强师德文化建设十分必要,针对师资队伍建设,十九届中央全会还提出了相应的改革要求。它要求在坚持教育方针的基础上,遵循教育发展规律和教师成长规律,全面深化教师队伍建设改革,优化教师管理体制,全面提高教师综合素质。

从目前教育发展的现状来看,人们对优质教育的需求与教育发展不平衡的矛盾已成为中国现阶段教育领域的主要矛盾,因此,在检视教师任职资格标准时,更应重视教师的道德素质。德行是教师工作应被置于第一位的评判标准。深入贯彻党的十九大精神,加强师德文化建设,既是不断提高教育质量的要求,也是培养高素质人才的必备和基石。

二、新时代高校师德文化建设的目标定位

党的十八大以来,"四个统一"是习近平对新时期高校师德文化建设提出的一项重要而明确的目标任务,围绕"四个统一"的目标,加强高校师德文化建设。[①]

科研是一个漫长而艰苦过程。高校教师要想战胜困难,实现自我超越,必须具备坚韧不拔的性格,不畏艰险的意志,科学严谨的态度,持之以恒的决心。同时,高校教师在开展科研工作时,必须关注社会、体察社会、服务社会,不能闭门造车。高校教师要勤于钻研,求实创新,才能真正发挥其应有的作用。

(一)和谐高校的师德文化建设要与时俱进

高校师德文化的内涵是大学在发展过程中形成的物质文化和精神文化的总

---

① 习近平. 习近平在全国高校思想政治工作会议上强调:把思想政治工作贯穿教育教学全过程开创中国高等教育事业发展新局面 [N]. 人民日报,2016-12-09(01).

和，重视和谐高校的师德文化建设就要认真抓好物质文化和精神文化。高校师德文化无时不在、无处不在，在大学日常教学、科研、管理等方面，都发挥着重要作用。有的教师认为，高校师德文化建设属于学校管理工作范畴，存在与己无关的想法。和谐高校的师德文化建设要与时俱进，学习和借鉴当今世界一流大学的师德文化精髓，提倡百花齐放，允许百家争鸣，进一步做好高校师生师德文化培训和校园和谐文化建设。

高校师德文化和校园文化宣传发动工作，要找准高校校园文化发展的结合点，以利于构建和谐高校。在建设和谐高校的过程中，学员绝不能忽视师德文化建设，要把师德文化建设作为自己的基础事业，从师德文化建设中汲取力量，推动和谐高校的建设。

（二）创新大学文化，做好师德文化建设的优化组合

孔子说："君子和而不同"，即主张思想文化的多元开放。现代大学是开放型的，师生的思想文化之花在百花园中盛开。大学是一个文化单位，一个好的大学，人一走进去，应该感到一股清新的文化气息扑面而来。营造好天人合一的师德文化氛围，老师和学生教学相长、互相成长，繁荣的文化和创新的成果就会自然涌现，而不需要刻意地提倡，人就会自然而然地被熏陶成一个和谐发展的人；每一个人都能如鱼得水，顺其天性地生活和成长，达到自己的理想境界，整个校园处于一种自然和谐的状态之中。

和谐高校的师德文化建设必然是集百家之长的文化。师德文化自身优化，才能对大学生产生吸引力，促进师德文化综合质量的提高，才能真正使学生得到锻炼和陶冶。构建和谐高校，要用先进的文化理念做高文化品位的事，以高校师德文化和校园文化建设提高大学影响力和创新力，为高校的综合性学科建设和人才培育力量打造宽阔的自由空间。

三、建设特色鲜明的师德文化生态

所谓"大学精神"是大学在历史沿革中形成的办学理念，即大学之魂；是比校风、学风更深刻的校园文化底色。大学是高雅的文化场所，这里能让师生尽快地欣赏和掌握人类文化的精华。构建和谐高校就要从自身情况出发，建设有自己特色的师德文化。对于置身其中的大学教师具有提升人格、纯洁思想、健康情感的功能。当教师在这种有特色的文化氛围中，不断地进行熏陶、浸染、模仿活动，其思维方式、行为方式、情感方式以及价值判断等方面都会烙下大学文化厚重的痕迹，不断引导着自身的发展，同时影响着师德文化的发展和创新。师德文化的不断浸润，使广大教师增强了归属感、使命感，形成了凝聚力。师德文化是一种环境，师德文化萦绕的校园会产生许多思想者和创新者。它给教师提供了优良的学术环境，特别是一流的名校更注重为学者、培养梯队提供宽松自由的环境和支持。大学是培养人、教育人的基地，认识师德文化对育人的重要性，认识师德文化在构建和谐高校中的地位，学员会格外重视师德文化的继承和发展，创建优秀的、充满活力的特色师德文化，促进和谐高校的跨越式发展。

四、重视和落实和谐师德文化建设，促进和谐高校又好又快发展

和谐文化是以和谐为思想内涵，融合思想观念和行为规范的文化表现形式。和谐师德文化建设靠师生共同推动，又会对身处其中的师生产生潜移默化的影响，必须做好宣传发动工作。又有许多大学生充分认识到和谐师德文化建设对个人成才的重要作用，才会积极投身于和谐师德文化的建设过程并从中受益。

和谐高校的师德文化建设，不能急于求成，要重视师德文化建设质量，在抓落实上下功夫。大学文化以某种文字符号为载体，如校牌、校徽、校训、校歌、标志色等；倡导和谐师德文化建设，可以在校园主体建筑物上镶嵌创新思想的校魂、校风、校训，在校门口建立富有感召力的大型壁画和雕塑，在校园道路两侧设置鼓励学生创新言行的路灯、灯箱等，都会对学生创造意识的形成产生激励作用。构建和谐高校，要引导大学生积极参与和谐师德文化建设。在继承中国优秀传统文化的基础上，学习和借鉴世界先进的文化。抓好以"八荣八耻"为具体内容的荣辱观教育，以树立正确的世界观、人生观、价值观。落实和谐师德文化建设，促进和谐高校又好又快发展。

和谐高校的师德文化建设，要充分发挥师德文化主阵地作用。师德文化，是

大学的精、气、神，是大学躯体的脊梁。要抓好校园网建设，办好主题网站，倡导网络文明，使之成为宣传科学理论、传播先进文化、塑造美好心灵的有效载体。要重视学生社团建设，培育一批精品社团，使之成为活跃师德文化的重要力量。公寓是学生生活、学习的重要场所，要加强公寓文化建设，通过创建特色寝室、特色文化橱窗、举办公寓文化节等多种途径，营造健康向上的文化氛围，开拓创新的思想意识，为大学培育高素质人才提供肥沃的土壤，为构建和谐高校提供强大的精神食粮。要充分发挥师生在师德文化建设中的主体作用，更加自觉、更加主动地推进师德文化建设的发展，让师生共享师德文化建设的成果。

第三节　沂蒙精神推进师德建设机制

师德文化建设是一个复杂的系统工程，必须充分认识师德文化建设的重要性、紧迫性和艰巨性，增强责任感和使命感。在当前我国高校师德文化建设中，面临着诸多问题，应引起重视。首先，我国高校教师必须把握当前师德文化建设的新形势。二是考虑高校师德文化建设以及自由、平等、开放、竞争等我国特色社会主义市场经济体制的特征。

一、我国师德文化建设的理念

（一）在校园文化实践中传承沂蒙精神

新时代弘扬沂蒙精神，要大力传承齐鲁优秀传统文化，自觉品读传统文化经典，培育和践行社会主义核心价值观，用齐鲁文化的思想精华滋养每一个学生，使其不断强化对齐鲁优秀传统文化的认同感，从而带动全社会崇德向善，对于弘扬社会正能量和涵养公民的人格智慧和人格魅力具有重要作用。

弘扬沂蒙精神有利于更好地传承齐鲁优秀传统文化。沂蒙山光荣的革命传统和齐鲁优秀文化结合，铸造了伟大的沂蒙精神，沂蒙精神孕育于肥沃的齐鲁优秀传统文化土壤，深入挖掘沂蒙红色文化精神给我们国家革命和建设事业带来的精神动力。

弘扬沂蒙红色文化精神，要注重实践养成，离不开传承创新齐鲁优秀传统文化。加强思想道德建设，开展家风家训教育活动，发挥齐鲁优秀传统文化对广大人民群众的教育作用，汲取优秀传统文化给予社会和人们生活的智慧，积极培育人们高尚品质和优良作风。

（二）弘扬沂蒙精神传承齐鲁优秀文化，践行党的初心使命

沂蒙精神是中国共产党和沂蒙人民共同创造的宝贵精神财富，沂蒙精神的形成与发展，是沂蒙革命老区军民不断践行党的初心和使命的过程，正是中国共产党人为人民谋幸福的奋斗历程中孕育了沂蒙精神。弘扬沂蒙精神，是对齐鲁优秀传统文化最好的利用，人们经过齐鲁优秀文化的熏陶，有利于社会的文明进步和谐发展。

党的初心和使命，在各个历史时期和地域呈现不同的精神力量，形成中国共产党的精神谱系，贯穿于党履行使命的过程始终，沂蒙精神是党的精神谱系的重要一页，具有独特的地位，是党的初心和使命的集中体现，其独特之处在于水乳交融、生死与共的党群干群军民关系。齐鲁优秀传统文化注重自强不息，与沂蒙山老区人民追求和平享受幸福的目标是一致的，反映了我们中国共产党精神谱系的重要作用和造福人民的远大志向。

（三）齐鲁优秀传统文化为师德注入活力

齐鲁优秀传统文化是由儒家文化发展而来的，儒家文化经历代统治者的推崇，齐鲁文化又与东夷文化、齐文化、鲁文化、莒文化以及泰山文化、黄河文化、海洋文化相互融合，加上齐鲁人民乐于学习和借鉴，齐鲁优秀传统文化具有深厚的包容性，又表现为能够实现自我革新和自我革命；这是齐鲁优秀传统文化的优势。齐鲁优秀传统文化赋予沂蒙精神丰富内涵，沂蒙精神植根于齐鲁优秀传统文化，是沂蒙老区人民在近百年的斗争中呈现的精神力量，赋予沂水蒙山特色的华夏民族精神，是对齐鲁优秀传统文化的传承发扬；而沂蒙精神对传承齐鲁优秀传统文化又具有现实价值。新时代弘扬沂蒙精神，同时需要进行齐鲁优秀传统文化的崇尚民族气节教育。要不忘初心、牢记使命、赢得民心；不忘初心，保持党同人民群众的血肉联系，使人民群众坚定不移跟党走，有利于激励中华儿女斗志昂扬、艰苦创业、锤炼气魄、坚定信仰，不断巩固党的执政根基，实现中华民族伟大复兴的百年梦想。

齐鲁优秀传统文化灿烂而辉煌，具有深厚的文化底蕴，齐鲁优秀传统文化是一部规模宏大的历史诗篇，反映一代代齐鲁儿女深厚的精神信仰，是古老中华民族的精神基因，代表了华夏民族独特的文明符号，是中华民族历经侵略不败、从苦难走向辉煌的自信源泉。因此，传承和创新齐鲁优秀传统文化是一个重大历史课题，要以科学态度对待历史文化，深入挖掘齐鲁优秀传统文化蕴含的思想观念、人文精神，结合百年未有之变局新要求，我们的齐鲁优秀传统文化定会展现出时代风采。新时代弘扬沂蒙精神，要大力传承发展齐鲁优秀传统文化，用世界眼光和战略思维，深入挖掘沂蒙精神时代价值，坚持以人民为中心，自觉践行党的初心使命，让水乳交融、生死与共的沂蒙精神绽放光彩，构建新时代和谐的党群关系，让沂蒙精神绽放绚丽时代光芒，为大学生注入强大的精神支柱，为党长期执政奠定基础，为实现中华民族伟大复兴提供强大精神动力。

二、提高师德文化修养途径

（一）师德文化培训

师德文化建设是一个系统工程，不是说说就能做到的，需要经过长期的文化熏陶和培养。高校应结合教师自身特点，制定师德评价体系，细化考核手段，提高师德考核的科学性和公正性。具体包括对学生的关爱、和学生的团结与合作、对学生的廉洁教育。将考核结果与职称评定、评优评先联系起来，可以作为奖惩的重要标准。增强师德文化建设，促进学校和谐发展。

高校应加强师德文化建设，牢固树立教师职业理想，不断提高师德文化建设水平。加强教师职业道德建设和教育培训，增强教师树立师德文化的自觉性。身为一名教师，始终处于充电学习、加油状态。要培养有特色的社会主义建设者和接班人，教育教学水平必须不断提高。这就要求教师严格要求自己，为人师表。提高自身素质，树立起自身师德文化的良好形象。

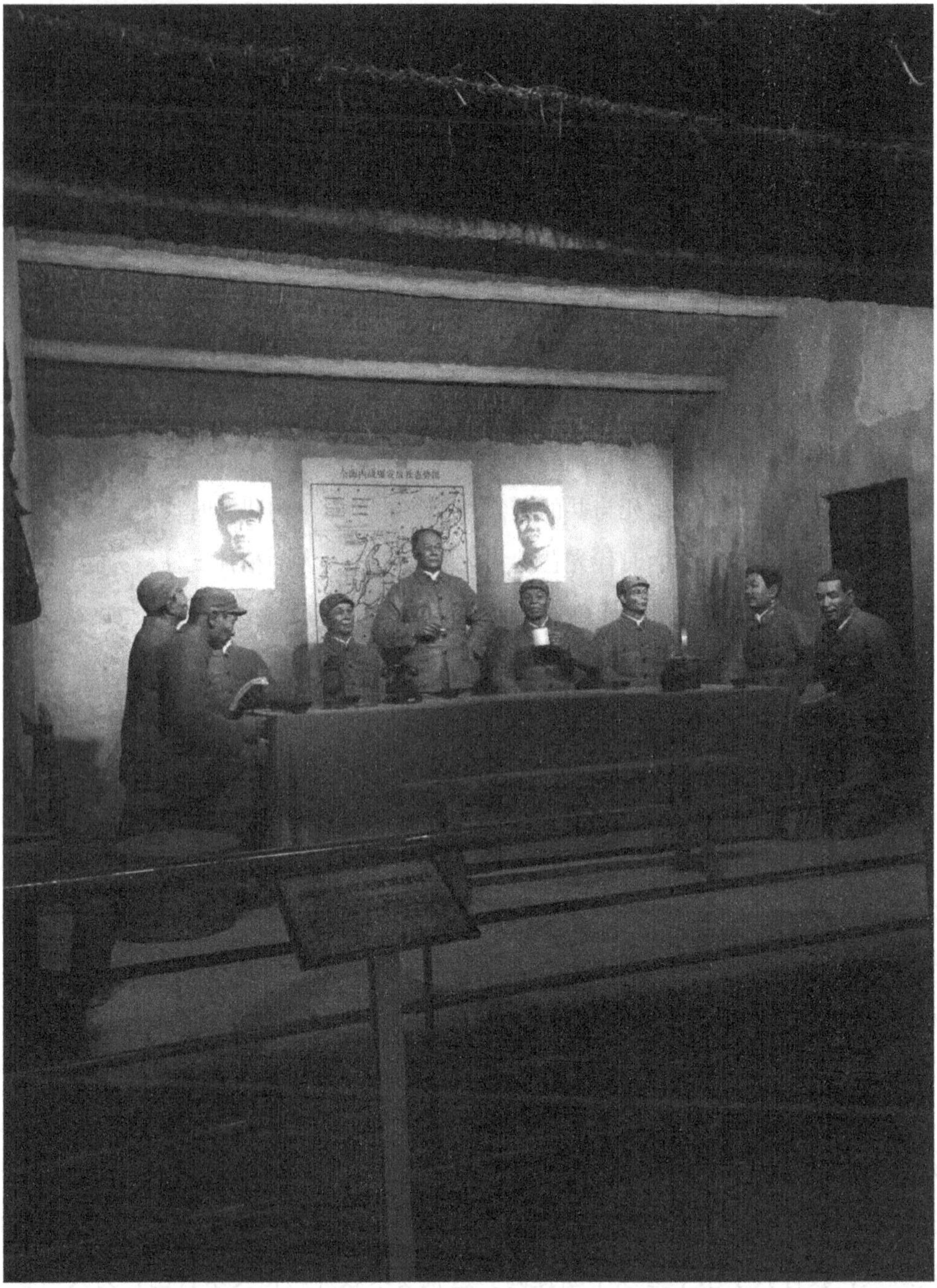

（二）把党史和沂蒙精神当作生动教材

要把沂蒙精神作为开展爱国主义和党性教育的生动教材，把沂蒙精神与传承齐鲁优秀传统文化结合起来，宣讲进校园、进教材、进社区，形成强大的合力。一是加强组织领导。加快成立弘扬沂蒙精神发展管理中心，赋予其宣传弘扬沂蒙精神的行政权限，对弘扬沂蒙精神进行顶层设计，加强调度督导，对内进行资源整合、线路打造、课程开发，对外扩大宣传、赢得口碑，从而不断增强沂蒙精神的影响力和辐射力。二是加大对沂蒙精神的研究。系统梳理沂蒙革命根据地历史，对历史细节进行考证，形成一批高质量教科研成果，加快形成完备的沂蒙精神课程体系。深入挖掘齐鲁优秀传统文化资源，不断完善充实教材。深入挖掘沂蒙革命斗争时期的知名红歌，开发《沂蒙红歌故事会》，不断搜集完善教学素材。开发多种形式的培训内容，为全方位多角度了解沂蒙精神提供借鉴。

三、健全师德文化建设制度

（一）创新制度，保障高校师德文化教育

创新高校师德文化建设机制。树立师德建设意识，让校园师德文化成为教学过程中的必备课。为进一步推进高校师德文化建设，深入学习教育部已颁布的《公民道德建设实施纲要》，对教师的行为进行规范。对在职教师进行岗前师德文化教育，完善教师资格制度，建立教师评价与考核制度。

（二）完善教师资格认定制度，严把教师职业入口关

教师在师生关系中发挥主体的协调作用。高校应将具有较高专业知识水平和较高师德水平的人才安排到辅导员或者班主任岗位，发挥师德对教师工作的引领和示范作用。招聘教师时，要求教师具有诚信、道德，判断其是否符合教师基本的职业道德规范。对从事思想理论教育和学生教育管理工作的教师提出了更严格的要求。

入口处是师德文化建设的关键环节。目前高校教师选拔中，为了提高博士教师比例和科研水平，普遍存在只注重学历的"一刀切"现象，思想政治考核被弱

化，主体责任不明确，考核小组的话语权不强，试用期考核流于形式。建议各高校在招聘过程中，首先要全面加强对即将进入高校队伍的候选人的思想政治方面的考察，包括对他们的在校表现、思想状况等进行考察；其次要明确选拔主体，落实责任，防止选拔权力滥用；第三，要增强选拔的灵活性，突出专家的作用，不能只限于"985"、"211"院校，避免"领导说了算"的现象；第四，要严格实行聘任制，把师德文化不合格的教师及时解聘。

（三）建立师德文化考核制度

高校师德文化建设有利于良好的党风、校风和学风建设，有利于教育质量的提高。完善高校师德文化考核制度，将师德文化建设摆在重要位置，从多个方面提出高校师德文化建设的重要衡量标准。

高校组织人事部门和教务部门参观学习，学习先进经验。同时，教育行政部门设立了师德文化建设意见箱，鼓励广大教师和学生家长积极参与，并向社会宣传教师和学生家长对学校师德文化建设的监督作用。

高校应积极加大师德建设的投入。职业道德水平的高低直接影响着高校的生存与发展，学校要想健康发展，要加大高校师德建设的经费投入，认真研究师德建设，为教师发挥道德模范作用搭建平台。

（四）建立师德评价机制

高校师德文化建设出现问题，主要是缺乏对教师职业行为的有效监管。高校应根据师德文化建设要求，定期对教师的师德文化水平进行考核。真正把师德评价与教师职称评定、职务晋升和奖励评定挂钩，把师德文化建设评价结果纳入教师个人档案。

教学活动中，要按照师德文化建设要求，对教师的教学行为进行监督和约束，以促进学校师德文化建设。提高师德文化建设水平，要建立师德建设评价机制，对教师的师德行为进行追踪，并分别加以引导。

（五）建立师德文化奖惩制度

完善师德建设评价与考核，宣传和表彰师德文化建设水平优秀的教师，以高尚的师德文化教育广大教师，发挥其激励、引导和示范作用。应将教师思想道德建设与教师岗位评价、进修、科研成果奖一并考虑。

与此同时，注重师德文化建设，实行奖罚双轨并行制度，对表现优秀的教师给予及时奖励，对师德失范的教师给予有效惩罚，做到赏罚分明。具体地说，第一，可以采取物质奖励与精神奖励相结合的方式，如现金或实物奖励方式，对高校教师进行物质奖励，通过发放荣誉证书等方式，满足他们的精神需要，提高他们的精神荣誉感；第二，采用"软淘汰"与"硬淘汰"相结合的方式，进行有效的惩罚，如对师德失范、考核不合格的教师，给予一定的缓冲时间，暂时调离工作岗位，对师德失范严重的教师，要及时解聘。高校教师实际生活问题还存在着诸多困难和问题，需要给予认真研究，帮助教师解决政治待遇和生活问题。

四、营造高校师德文化建设的良好氛围

个人道德品质的形成受环境的影响很大。高校加强师德文化建设人文环境。高校各部门要深入教学一线，与教师交朋友，及时发现和克服师德文化建设中存在的一些不利因素，为师德文化建设站位、助力，人人参与校园文化的细节建设，提高师德文化建设水平。

（一）加强师德文化和沂蒙精神诠释

有的高校忽视师德文化建设工作，教师只重视教学和科研，轻视师德文化建设，应增强教师对教师职业的荣誉感和自豪感。沂蒙精神的形成和发展离不开齐鲁大地的沂蒙山区，离不开革命战争、社会建设和改革开放的时代背景，离不开中国共产党和齐鲁人民在沂蒙地区的生动实践。

沂蒙山区艰苦的自然环境，磨炼了沂蒙人民任劳任怨、不计得失、甘于奉献的优秀品格；齐鲁文化积淀是沂蒙精神生成的人文基因，沂蒙精神发源于源远流长的沂蒙文化，沂蒙文化源于东夷文化，后来又历经齐鲁文化、琅琊文化、南方区域文化的相互融合，容纳了儒家文化、革命文化等文化体系，为沂蒙精神的孕育形成奠定了思想基础。沂蒙精神具有以下特征：一是群众性，人民群众是沂蒙精神成长的力量源泉，沂蒙精神的创造主体是人民群众，沂蒙精神的根基在人民

群众；沂蒙精神体现了党群之间的血肉联系。二是地域性，沂蒙精神诞生在沂蒙山区，扎根于沂蒙大地这片沃土，并在浓厚的齐鲁优秀传统文化氛围中孕育的，得到沂蒙区域文化的丰富与滋润，具有显著的地域特色。三是时代性，沂蒙精神产生于革命战争年代，是党政军民共同创造的，是学员战胜敌人的不竭动力，具有鲜明的时代性，并不断与时俱进，沂蒙精神表现出开放性和先进性。

（二）抓好沂蒙精神在校园文化的创新性转化

齐鲁优秀传统文化蕴含着大一统思想、德行文化、和而不同等理念，具有自强不息、崇尚气节、经世致用、大公无私的特点。而沂蒙精神的内涵集中在中国共产党同人民群众"水乳交融、生死与共"的鱼水情谊和血肉联系。新时代沂蒙精神则表现为实现中华民族伟大复兴的中国梦，勇于奉献，艰苦创业，开拓创新。因此，沂蒙精神传承两千多年来齐鲁优秀传统文化的基因，是沂蒙人民的精神追求，是齐鲁优秀传统文化的创造性转化、创新性发展。沂蒙精神是一个历久弥新的系统工程，是齐鲁优秀传统文化基因与时代旋律相结合的产物，具有深刻的人文内涵和独特的时代价值。从理论逻辑分析来看，齐鲁文化孕育了沂蒙精神，沂蒙精神是对齐鲁优秀文化的继承发展；新时代弘扬沂蒙精神，明确其历史文化内涵，深入挖掘齐鲁文化的主体精神，实现齐鲁优秀传统文化的创新发展，是时代赋予高校的历史使命，又对弘扬沂蒙精神的时代价值具有推动作用。

第三章　沂蒙精神助力师资培训

加强师德文化建设，谋划布局教师培训课程设计显得非常重要。专业培训在如今教育行业中的不可取代性越来越明显，但也正因如此，市场上各种各样的培训也如雨后春笋般层出不穷。从课程设计者的角度来看，培训的主要职能是进行相关知识传播，使参加学习的教师理解培训的理念、反思自己的实践经验继而提升专业技能。教师培训课程设计要在有限的时间内阐明核心要点，帮助教师解决实际问题，因此专业的培训应当做到逻辑结构清晰，并且强调重点。本章将从师德文化课程基本要素、教师培训的文化内涵建设、沂蒙精神促进师德文化建设三个方面进行论述。

第一节　师资培训基本要素

一、概念

（一）教师培训

培训是有组织有计划进行的活动，以帮助受训者学习与工作有关的能力，其目的在于通过某种形式的学习，使受训者成长，同时也要使受训者掌握培训计划所强调的知识、技能和行为。教师的师德是教学活动的重要基础，有了良好的师德，才能培育出德、智、体、美、劳全面发展的好学生，教师培训的基本目标是让参训老师不仅掌握教学技能，还要培养其高尚的师德，保证高校的大学生培训质量，培养出爱党、爱国、爱人民和有专业技能的未来栋梁之材。为发展中国特色社会主义建设，为了中华民族的伟大复兴培养出一大批优秀的接班人。

（二）教师培训的知识基础

随着教师心理研究的不断深入，教师"知识基础"的内涵不断拓展。从功能的角度出发，将林崇德教师的专业知识归纳为四个方面：本体论知识（即学科知识）、条件论知识（即教育学和心理学知识）、实践论知识（即教师教学经验的积累）和文化知识（即知识的广泛性和深刻性），认为这四个方面是教师认知活动的基础。

学者们普遍认为，是否进行系统的知识培训对教师的专业发展至关重要。受过知识培训的新教师往往能够构建出系统的知识结构，这对他们的教学实践也是大有裨益的；而没有受过系统知识培训的新教师，在实际教学中的表现就会更差。系统培训是教师专业发展的重要保障，关系到一个国家教育的长远发展。师资专业知识培训是提高师资素质、改革教育、振兴教育的突破口。

二、教师培训要素分析

（一）培训主体

培训团队是由许多成员组成的。队员各自明确了自己的角色，就能找到自己在培训中的最佳位置。通过巩固自己的团队角色作用，每个队员能与所担当的角色匹配，提高培训团队的战斗力，认同自己的团队角色有利于培训资源的融合。团队成员组合形成不可分割的培训共同体，团队要求每位成员具有一定的专业背景，对师德文化培训工作具有相应的知识体系，大家对师德文化培训工作有着相同或者相近的理解，团队相互支持和取长补短，新组成的培训团队不断成长，为下一步师德培训奠定了扎实的基础。团队有自己的前进目标，每个团队成员充分发挥自己的主人翁意识，为培训团队的师德文化建设积极献计献策。这些都是不可缺少的集体力量，有了这样的培训团队和工作态度，必定为培训工作的胜利举办，提供巨大的智力支撑和不竭动力。

（二）打造师德文化团队

师德文化是中华优秀传统文化的一部分，学员要从几千年的中华优秀传统文化汲取智慧和力量，把中华优秀传统文化所涉及的师德文化内容研究整理出来，为学员组建的师德团队所用，让中华优秀传统文化在师德文化建设中发挥育人作用，指导学员新时代师德文化建设工作。组织队员系统学习中华优秀传统文化，弘扬中华优秀传统文化，身教重于言教，切实发挥师德文化建设中的表率作用，积极为学生服务，关心学生的学习和生活，教育学生爱党、爱国、爱人民、爱中国特色社会主义。加强师德文化团队凝聚力和战斗力，注重团队组织的整体力量，大家在工作和生活上相互尊重和信任，密切合作和热情待人，建设一个和谐团结的大集体。

建立师德文化培训机制，激励各团队成员积极发挥自己的工作潜能，大胆创新勇于实践，接受各种生活和工作考验，重视每一个人的工作能力和价值，肯定每个队员的付出和奉献，谋划布局师德文化建设，推动师德文化培训工作的开展。凝聚全体人员的创新动能，讲好师德文化建设的道理和故事，一步一个脚印地做好师德文化建设工作，持之以恒地抓好师德文化建设的前期保障，为师德文化培训奠定扎实的基石。

（三）培训需求

师德文化培训是一项基础性工作。做好培训需求分析是重要的一环，要做好前期调研工作，充分了解参训学员需要什么知识、缺少哪方面的技能。只能深入实际开展调查研究，掌握第一手材料，学员才能有的放矢地开展培训工作，找到培训需求与培训课程结合点，尽快解决培训中存在的问题，给学员提供一堂所需所盼的教学实践课。

培训是一项严谨的教学系统，来不得半点马虎，学员要细化工作流程，倒推教学程序，不断磨合，凡是上课的教师都要通过竞课来获得上课资格，可以邀请培训名家和师德方面专家担任评委，教师通过报名和试讲把自己的学术知识传播给大家，评审后才能获得师德文化课讲师的资格。在授课实践中不断锻炼教师的讲课能力，吸收借鉴师德文化建设方面的优秀成果，与学员的师德培训实际结合起来，走符合当地实际的培训之路。

（四）师德文化培训目标

师德培训以改善教师的职业道德水平为重点。高校教师需要提升自身的思想政治素质，进一步对学生进行思政教育，认真完善职业道德水平和师德修养，对照师德规范，常修为师之德。高校教师要具备坚定正确的政治方向，拥护中国共产党的领导，不发表错误言论，严守法律法规和社会公序良俗，严格遵守学校的规章制度，服从学校工作安排。加强师德教育和心理健康教育，认同学校的办学理念，爱岗敬业，坚决杜绝发生违背师德文化建设的不良行为。

高校教师要端正教学态度，认真备课，根据教学安排合理规划教学知识。做到因人而异、因材施教，让知识传授覆盖全体学生，实现教学的公平与公正。在师生关系中，教师要做到作风正派、举止文明、为人师表。在学习中耐心解答学生疑问，积极听取学生的合理建议。在生活中关爱学生的需求，指导学生进行生活常识的学习，养成良好的个人卫生习惯和集体生活意识。在作风上严格要求学生，根据学校的规章制度和学生的在校表现合理评选评优评奖人员，保护学生的合法权益。严格遵守学术规范，严谨治学，反对学术剽窃和抄袭。潜心学问，克服浮躁心理。廉洁自律，不与学生和家长产生私利关系，注重教师职业的社会声誉和影响，积极奉献社会，发挥职业影响力。教师的专业知识水平是教师职业的基本需求，也是师德的重要组成部分。高校的人才培养目标直接与社会的现实需要对接，因此对高校教师专业知识的深度和知识面的广度提出了更高的要求。教师能否利用自身的专业知识顺畅地完成专业授课，进而在课堂上结合思政内容实现言传身教、立德树人的目标，是新时代高校教师急需完善的师德和能力要求。以教师为主体，完善师德文化建设机制，提高教师的师德修养，形成厚重的师德师风。

（五）发挥沂蒙精神的实践作用

沂蒙精神的理论作用表现在：一是民族复兴的精神支柱。二是传承齐鲁优秀传统文化的重要实践。三是可以净化党内政治生态。沂蒙精神体现了党、军队和人民水乳交融的血肉联系，为党的先进性、纯洁性建设提供了实践路径；弘扬沂蒙精神，正是践行党的初心和使命，为人民谋幸福、为民族谋复兴的要求。

齐鲁优秀文化是沂蒙山红色文化精神成功的母体，古老的齐鲁优秀文化所倡导的家国情怀、豁达淳朴、崇礼尚义、勇敢坚韧、勤劳智慧等，滋养了山东人民，为沂蒙精神提供了丰富的营养。弘扬沂蒙精神，能使中华儿女的自尊心得到增强，进一步提高民族向心力，为实现中华民族复兴打下坚实的基础。"开拓奋进、艰苦创业"是沂蒙精神主题，展示了沂蒙儿女为实现国家富强民主文明和谐而执着追求、勇于创新的思想意识。在革命年代，无数沂蒙儿女为自由进步赴汤蹈火、前赴后继；新中国建设和改革时期，沂蒙人民解放思想、勇于创新，全力以赴投身于革命和建设中，大胆闯出一片新天地。

三、课程设计的价值取向和制约因素

（一）价值取向

课程设计，是对课程进行构思并安排其主要讲授内容的方法，这一关很重要，关系到培训结果的成败。根据培训主题需要，要与相关的教研部室进行对接，提出培训要求，点明培训学员具体情况和需求，教研部室相关领导牵头制定详细的培训课程，通知授课讲师提前准备，这一过程需要多次协调才能完成。尔后制作培训手册，教务部门发出招生通知，提醒参训学员报到注意事项，达成培训意向。培训班有两个班主任具体负责，成立学员临时党支部，管理班级事务，开展文体活动，对学员进行日常管理和考勤，上课时介绍任课教师，维护课堂秩序，组织学员进行现场教学，对学员进行毕业鉴定，实现培训价值。

（二）制约因素

1.思想观念因素

20世纪50年代以来，教师教育课程设计基本上沿袭了学科中心模式，强调"双基础"，追求课程的系统性和严肃性。虽然经过多年的改革，已经取得了一定的成效，但是由于根深蒂固的传统教育思想和观念，重理论、轻实践、重结果、轻过程，重共性、轻个性发展，影响着教师教育课程设计的进程。

2.培养目标因素

对师专与学专培养目标定位的争论一直以来都是困扰和制约教师教育课程设计的问题。"师范生"认为：教师是专门人才，"学者不一定是良师"，主张教师教育机构应为教师开设更多的教育学、心理学和教学技能方面的课程；学术性的观点认为：一位称职的教师必须具有较高的学术造诣，"良师必是学者"，主张安排更多的学科专业培训。虽然人们逐渐认识到二者并非对立关系，但苦于无法找到两者之间的平衡点。

3.教师教育体制因素

在以往强调整齐划一的教师教育体制下，国家统一规定课程、课时和大纲，各高校的教师教育课程设计自主权不够充分，既不能有效反映学生的要求，也不能体现本校自身的特色。

总之，教师教育课程设计不是一项纯技术的活动，它必须从多方面考虑其制约因素，克服其中不足，唯有如此，才能使其成效得以彰显。

四、教师培训的理论基础

（一）精选教学案例，搞好课题设计

为了提高学员学以致用、学有所悟的能力。通过课下和老师的切磋，与同行讨论交流一下，特别是小组磨课、教学科研思想碰撞活动，每个学员要看到自身的差距，促使自己认真思考在教学科研上如何做得更好。比如，在教学上，思考如何把课程教好，如何设计课题、精选案例，如何突出重点难点，如何在教学中突出"用学术讲政治"的理念，即要有学术框架，关注理论前沿，突出问题导向。在科研上，咨政报告要注意选题，标题要有充分的信息量；报告内容要有增量思维方式；要长期关注某一热点难点问题；对策建议要有可操作性可行性等等。通过交流互动、思想碰撞、观点交锋，进一步解放了思想，开阔了视野，为教学科研的能力提升奠定了良好的根基。

根据国家和个人成长的需要，每个人要不断学习新知识，掌握新技能，不断接受社会的挑战，不断战胜自我，在学习中成长壮大，实现人生的价值。同时参

加一些必备的培训，做到理论联系实际，做一个社会的高素质人才。

（二）磨课和试讲，增进培训效果

作为高校老师，要传道授业解惑，就必须不断地学习、持之以恒地学习，对理论知识要先学一步、朝深处学习一步，唯有如此，才能理解党的创新理论成果。自己学懂了，才能教育学员、引导学员，为培训轮训党员干部、提高干部素质贡献微薄之力。

要经常思考如何上好一堂课，成为优秀的老师。首先要把道理讲透；其次要大家爱听，还要引发大家的思考。通过磨课和老师专业的点评，一语中的指出重点问题，对教学能力帮助很大。我们在讲课的时候不能做知识的搬运工，需要把知识有效地传递下去，要针对群体的特点，掌握上课的技巧和方法。掌握一定的心理学技巧，能够更好地感受学员们的困惑，也方便我们在以后的工作中调整教学方法。

（三）注重学员反馈，提高课堂教学价值

讲好一堂课，从宏观和微观上，或纵向或横向进行深刻分析，找出问题根源，要加深学员对问题的理解和把握。让学员成为课堂的主角，变被动为主动，让学员来分析思考、畅所欲言，这样的教学方式搞活了课堂的学习气氛。如果学员对老师的授课有什么合理建议，学员可以当场提出，老师也当场解答或改正，提高了教学效率。

通过磨课环节，老师们互相交流科研成果，每位参与磨课的老师前期认真准备，课上认真分享，课后热烈讨论交流，起到了很好的磨课效果。学员们认真聆听每一位市县老师的授课，课后第一时间给出高屋建瓴的指导建议，帮助学员快速提高。新教师要了解自己的教学对象，善于从交流中获取学生更感兴趣的知识，体悟他们的所思所想，探索他们所乐于接受的教学方式方法，增强教学的说服力和感染力，制定适合学校教师的培养计划，以本校受训教师为主体，充分利用学校自身的培训资源，为教师提供优质培训。

（四）教师职业生涯发展阶段的理论

通过对教师职业生涯发展阶段的介绍，可以发现教师职业生涯的发展经历了不同的阶段，不同阶段的教师在职业能力、心理体验、成长动力等方面存在着一定的差异。"职业生涯发展阶段理论"对教师培训的启示在于，对于不同职业发展阶段的教师，其培训目标和内容应有所不同。也就是说，对所有教师来说，教师培训的具体目标和具体内容并非一成不变，应注重教师职业发展的阶段性和个体差异性。

第二节　教师培训的文化内涵建设

抓好高校师德师风文化内涵建设，需要认真学习和借鉴古老齐鲁优秀传统文化，结合师德文化建设和校园文化发展要求，加强沂蒙精神对齐鲁优秀传统文化的传承与创新很有必要。沂蒙精神起源于齐鲁优秀传统文化，形成于革命战争时期，发展于新时代，沂蒙精神是中华民族精神的重要组成部分。齐鲁优秀传统文化是民族的灵魂和人民的精神家园，弘扬沂蒙精神和齐鲁优秀传统文化，对于推动社会主义文化繁荣兴盛，提高人民的斗争精神和斗争本领，对进一步增强高校的校园文化内涵，早日实现华夏民族复兴昌盛，具有非凡的意义和重大的价值。

一、高校师德师风文化建设的现状

历史之中有营养、有智慧、有力量，学员尊崇研究沂蒙精神和齐鲁优秀传统文化是天职，是文化自信的具体表现。文化是民族的血脉，是人民的精神家园。齐鲁优秀传统文化博大精深，是中华民族的文化根脉和精神支柱；培育了齐鲁人民的崇高价值追求。高校抓好师德文化教育，有利于增强国家核心竞争力。

（一）沂蒙精神传承的缺失

有的高校缺少对沂蒙精神的传承机制。文化是民族的血脉，是人民的精神家园。传承和弘扬沂蒙精神，需要加强齐鲁优秀传统文化的大公无私教育，用红色文化涵养正气，用优良传统滋养人心。沂蒙精神是坚持党的初心与使命的生动体现，弘扬沂蒙精神；要积极建设红色文化传承机制，发扬沂蒙精神的忠诚担当、无私奉献，做到党性和人民性高度统一，呈现人民一心向党，党全心全意为人民，营造出密切的党群关系。践行水乳交融、生死与共的沂蒙精神，关键在于不断强化党性锻炼，做到"不忘初心、牢记使命"，强化党的基层组织政治功能，提高基层党组织的战斗堡垒作用。

（二）沂蒙精神弘扬创新不够

有的高校不注重中华优秀文化的创新。古老的华夏优秀传统文化先人劳动智慧的创造，从三皇五帝起延续5000年风雨历程，植根于中华民族的血脉和灵魂之中，影响着中华民族的精神生活，表现出超强的生命力和强大的支配力量，让中华民族巍然屹立于世界东方。新时代弘扬沂蒙精神传承齐鲁优秀传统文化应借助多媒体与互联网技术，创新齐鲁优秀传统文化传承的新模式，使沂蒙精神和齐鲁优秀传统文化传播到中华大地，让齐鲁优秀传统文化在新时代大放异彩。因此，加强沂蒙精神对齐鲁优秀传统文化传承与创新研究，对坚定文化自信和振兴中华具有重要的现实价值。

（三）弘扬沂蒙精神认识不足

齐鲁优秀传统文化的精神基因，在绵延发展的历史长河中，以其时代精神为齐鲁人民提供强大的精神支撑和智力支持。沂蒙精神是由齐鲁文化孕育产生的，是对齐鲁优秀传统文化的传承和创新，新时代弘扬沂蒙精神，要从齐鲁优秀传统文化中汲取营养，自觉理性地遵循传统文化的人文精神、道德规范，传承家风家训，培育形成圣贤儒家风范朴实民风，创新探索齐鲁优秀传统文化传播新路径，推动沂蒙精神在新时代焕发出新的生命力。

人们对优秀传统文化的渴求从来没有停止过，传承好优秀传统文化，能满足人民群众美好生活的新期待；新时代弘扬沂蒙精神正是对齐鲁优秀传统文化的应用与传播。齐鲁优秀传统文化特点包括：一是自强不息的风格。二是崇尚气节的爱国传统。三是经世致用的救世品德。"国家兴亡，匹夫有责"，倡导为国为民，以民族复兴为己任。四是勤谨睿智的创造精神。因此，齐鲁优秀传统文化特点与沂蒙精神的内涵是一致的，弘扬好沂蒙精神，就是传承和创新齐鲁优秀传统文化。

（四）有的教师理想信念缺失

部分教师政治信仰缺失，不思进取。一是有的教师意志消沉、敬业奉献精神不强。在其位不谋其政，工作得过且过，迟到、早退现象严重，不遵守纪律等。二是教育观念落后，教学方法陈旧。有的教师安于现状，不思进取，满足于现有的教学手段，教学水平差，培养的学生社会综合能力过低。三是政治信仰缺失。对现有教育体制产生动摇，大局意识差。

振兴民族的希望在教育，振兴教育的希望在教师。教育事业是一个民族最根本的事业，师德师风建设又是教师队伍最根本的建设。师德兴则教育兴，教育兴则民族兴。实践表明，抓好师德师风建设，是落实"以德治国"战略的需要，是促进教育现代化的需要。未来世界的竞争是教育的竞争、人才的竞争，教师担起守卫学校育人和传授科学知识的任务，这关系到民族振兴和国家的未来，高校要始终把师德师风建设放在首位，持之以恒地抓紧抓好。

二、高校师德师风建设的文化内涵

（一）加强"以人为本"的师德师风文化建设理念

以人为本的管理是一项复杂的系统工程。要加强师德师风文化建设，运用合理手段，满足学生的需要，鼓舞学生的士气，调动学生的积极性，让每个大学生有出彩的机会，增强他们的获得感。要从以下几个方面加强师德师风文化建设。一是尊重大学生的求知需求。教育引导大学生的前提是了解学生、尊重学生。大学生还没有真正定型，更需要师长、朋友给予合适的赞许、认可，以树立他们的自信心，加强师德师风文化建设，提高教师的事业心和责任感，因人施教、因材施教，帮助学生寻求最有效的学习方法，以完成大学的求知任务。二是尊重大学生发展的需要。学生总要离开校园走向社会，实现自己的人生价值。大学生是创新创业的有生力量，高校是培养创新创业人才的高地。在校园内，高校教师有责任帮助学生树立正确的人生观、价值观，结合学生自身特点，与学生共同设计未来发展规划。

(二)领悟和继承传统文化中的智慧与精神

从优秀传统文化中汲取智慧。齐鲁大地人杰地灵,齐鲁文化历史悠久,齐鲁优秀传统文化厚重的文化底蕴,赋予沂蒙精神丰富内涵。沂蒙精神的内涵概括为"爱党爱军、开拓奋进、艰苦创业、无私奉献";战争时期,沂蒙精神献出的是鲜血和生命;和平年代,沂蒙精神表现的是拼搏和智慧;改革开放时期,沂蒙精神彰显的是创新和清廉。

人民群众是真正的英雄,人民群众是历史的创造者;"为人民靠人民"是党的价值取向,"为人民"是党的性质和宗旨,一切靠人民是我们的伟大力量,有了这样的政治选择,"水乳交融、生死与共"就牢不可破。弘扬沂蒙精神,是密切党群关系迫切需要,对传承发展齐鲁优秀传统文化,提升国家文化软实力,建设社会主义文化强国,具有重要作用!

弘扬沂蒙精神需要加强齐鲁优秀传统文化的经世致用教育,在民族复兴进程中,面对风险挑战,敢于挺身而出。沂蒙精神唤醒了沂蒙人民的政治觉悟,激发了沂蒙人民对党、对人民军队的誓死捍卫和真诚爱戴。感党恩听党话跟党走是人民自主发出的响亮声音,为人民执政让人民幸福,才会赢得人民的心,沂蒙老区人民拥戴党和组织是战胜敌人的根本,牢记手中的权力是人民赋予的,作决策办事情不能让老百姓寒心,这样的党才是英明的,这样的领导者才能说是没辜负人民的希望。实践证明,这就是民心所向,是沂蒙老区红色文化精神根本基础,是推动社会进步的强大能量和后勤保障,扎实抓好每一项民心工程,无怨无悔地向人民报上优秀喜报,共同实现中华民族的伟大复兴。

让教师在传道授业中闪光出彩。教师是人类灵魂的工程师,要在全社会形成尊师重教的风尚,提升教师的幸福指数,把三尺讲台当成忠诚于党的教育事业的崇高追求,开拓创新,充满活力,"捧着一颗心来,不带半根草去"。热爱祖国、献身教育,以高度的民族责任感,强化师德师风建设,修炼人格,为人师表,当一个铺路石和守望者,默默无闻地浇灌祖国的幼苗,使之开花结果,光彩夺目;做一颗教育战线的螺丝钉,拧在国家需要的地方,在哪里发光发热。

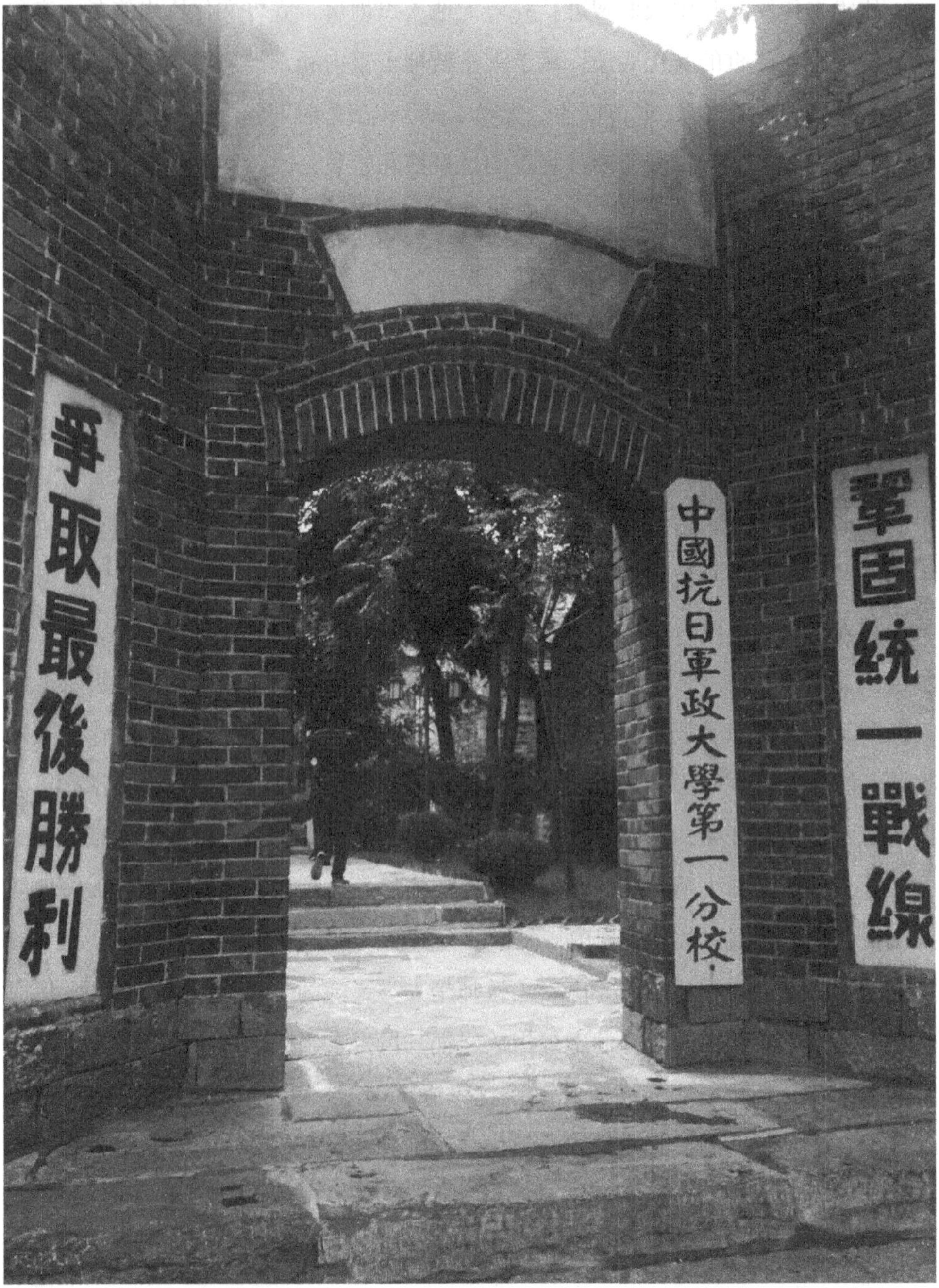
爭取最後勝利
中國抗日軍政大學第一分校
鞏固統一戰線

三、高校师德师风文化内涵建设的构建路径

搞好师德师风文化内涵建设，必须加强高校师德文化和师德养成建构，发动高校辅导员和专职副书记扛起在校学生德育、智育和体育的重担。要坚持扎根中国、面向未来的教育理念，为中国特色社会主义事业培养德才兼备的合格建设者。怎样树立新时期的教师形象，已成为广大教师面临的重要课题。教师通过自己的劳动，让受教育者获得更多的知识，改变其精神面貌，塑造其美好心灵。这就对教师提出了更高要求，不仅要具备深厚的知识，更要具备崇高的师德。高校在师德师风文化建设工作中必须主动开辟新途径，探索新办法，把师德师风文化建设作为一项塑造教师高尚人格的系统工程来抓。

帮助大学生扣好人生的第一粒扣子。教师要用好课堂教学这个主渠道，充分认识自己所承担的庄严而神圣的使命，珍惜教师荣誉，提升教师境界，帮助大学生校正好人生的前进航向。大学生在人生的十字路口很关键，如果方向走错了，一切努力都化为泡影，对国家和个人都是损失。为学生点亮理想的灯、照亮前行的路。高校教师要坚持教育者先受教育，更好担起学生健康成长指导者和引路人的责任。中华优秀传统文化是世界上唯一接续传承我华夏民族文化不断流的大文化，这是我们民族历经磨难、九死一生而不倒的金刚宝石，是 56 个民族热烈团聚的护身符，是学员在世界文化激荡中站稳脚跟的定海神针。

从大学生中汲取师德师风文化建设的智慧和力量。校长和教师，要经常到学生中去，听取青年的呼声和要求，与大学生结对子，热爱、尊重学生是师德师风文化建设的基本遵循。热爱学生是师德的根本，建立民主、平等和谐的师生关系，做学生的良师益友，直接关系到教育的目的和效果。在一定程度上，热爱学生，就是热爱教育事业；关爱学生，就是履行教师的社会责任感，才能更好地完成教书育人的任务。热爱与严格要求并不是相悖的，教育是爱的共鸣，严和慈是辩证统一的。对学生冷漠、缺乏热情不行，对学生不严也不行，只有这样，才能培育出国家的可靠接班人和合格的建设者。

强化严谨治学、为人师表是师德师风文化建设的核心。教师教书育人，既要传播知识，又要塑造学生灵魂，要求教师在教学中求真、求精、求实，人常说身

教重于言教无声胜有声，教师应在处处事事做表率。孔子说："其身正，不令而行，其身不正，虽令而不从。"教师要公平公正，营造一个良好的育人环境，才能受到学生的爱戴。"师者，人之楷模也"，学高为师、身正为范，教师既要教学生学好功课，更要教学生学会做人，教师必须以自己的高尚道德去潜移默化地感染学生，言必行，行必果，才能胜任人民教师的历史使命。

教书育人是把学生送达理想的彼岸，"教师要给学生一杯水，自己必须有一桶水"。教书育人是教师的天职，教师既要立足于学生的成长，又要面对学生的未来，教师之间要团结协作，不断更新自己的知识，具备广泛的爱好和才能。因此教书育人不可急功近利，需从长远着眼。良好的师德，是教师献身于教育事业的动力，要求教师坚持以德为本，立德树人。

重视教师创新意识的培养，为师德师风文化建设创造良好的环境。勇于变革和善于创新，是古老的中华民族不断前进的源泉，我们这个民族从来没有停止过求变求新，民族文化也是在与外来文化交汇中屡战屡胜，终为外族人所用。瞬息万变的信息社会，决定了加强师德建设必须重视教师创新意识的培养，教师在教学实践中，要勇于创新，大胆探索，保护和欣赏学生的好奇心和探索的意识，努力培养创新人才。教师要更新观念，转换角色，教为学服务，课堂要成为学生的用武之地。教师要完善自我，与时俱进，力争使自己能够代表先进文化的发展方向，才能终为人师，而立于不败之地。

高校要成立师德师风文化建设领导小组，逐步建立完善的师德师风激励、考核、竞争机制，关心教师工作生活中的需求，不断改善其教书育人的条件。科学地运用激励机制，结合职工年度考核，能者上，庸者下，及时研究解决教师普遍关心的实际问题，激发教师岗位成才，促进师德师风文化建设健康发展。领导干部是师德建设的指挥者、组织者，同时也是实践者。领导干部带头遵守师德规范，才能有威信和感召力，促进师德师风建设。把师德建设工作渗透到教学管理的各个环节做到教书育人、管理育人、服务育人，教务部门要对师德师风表现情况进行经常性量化，并作为教师业务考核晋升的主要依据。

加强师德师风文化建设，不仅是教师的问题，而且是社会问题。要从主观和客观上结合，营造良好的师德师风文化建设环境，强化教师的职业道德教育，抓好高校育人环境的综合治理，提高依法治校和依法从教的能力和水平，为中华民族的伟大复兴提供强大的智力支撑，当代青年要肩负历史责任。

四、高校教师培训

教育是国家培育人才的基础工程，师资质量是教育事业健康发展的保证。高校要重视教师队伍建设和教育质量，把教师培训和授课能力提高当成重要的教学日程。树立优秀教师受重用高待遇的用人导向，调动教师认真钻研学术、研究教学的积极性，培养校园名师，造就一批讲课名家，营造追求教学精品的氛围。

（一）高校教师培训导向

1. 培训理念

良好的导向能指导培训工作的规范化开展，保证培训工作的顺利进行，是培训工作的重要指针，是高校教师培训工作中重要部分。有些教师已具有较高的知识水平，承担着教学、科研和服务社会的重任。一次好的培训，能使教师的知识水平和教学艺术能得到快速提升。对优秀教师培训工作要进行系统的、全面的考虑，谋划布局好师资力量，让教师能切实学到他自身没有的一些授课技巧，高校应建立专门的培训机构，负责骨干教师培训工作。

2. 目的

培训目标，顾名思义，就是培训要达到的目的和效果。要不断提升培训能力，适应新时代培训工作的具体需要。对培训学员而言，充分了解其培训需求，有利于提高培训效率，根据学员的需要确定培训目标，并对培训过程和目标进行评估，不断修改完善培训目标和培训体系。使培训目标与学校实际和骨干教师需要相适应，培训具有科学性和现实性。让参训学员满意，增强培训效果。以高校为主导，以骨干教师培养为重点，努力提升高校师资队伍和人才培养水平。

（二）师德培训内容

1. 内容

根据培训需求，确定培训目标，可以对培训内容有一个基本的设想。在分析培训需求和目标的同时,也要考虑教师的学科背景、工作环境等方面存在差异。

2. 形式

明确培训内容后,选择适当的培训形式,确保培训内容的有效传递。

一是对骨干教师培训应采取多种形式,同时又具有较强的灵活性和创造性。培训管理者必须采取多种形式,充分调动骨干教师的培训热情,发挥骨干教师的创造性。

有的培训习惯于根据儿童、青少年的学习特点安排培训形式,忽视了高校骨干教师的特点,造成培训形式的不适应。实际上,大学骨干教师的培养是教师专业发展的重要环节,它有助于教师在进入高级发展阶段时进行有针对性的引导和提升。作为高级知识分子的高校教师,其智力素质与普通教师有很大的不同,通过培训看到差距,使骨干教师参与到主动的科研和教学中来。

第三节 沂蒙精神促进师德文化建设

中华传统文化是五千年华夏民族的历史积淀,是炎黄子孙劳动中迸发的智慧结晶,内涵丰富,源远流长,是中国人民的精神支撑。中华优秀传统文化久经磨难,延续几千年风雨历程,植根于中华民族的血脉和灵魂之中,影响着一代代中华儿女的生活,尤其是中华民族的精神生活和节日活动,让中华民族巍然屹立于世界东方,成为世界上唯一一支没有断续的大国文化,表现出超强的生命力。新时代,学员应加大创新力度,使中华传统文化更加丰富多彩,并借助多媒体与互联网技术,在开放合作与交流互鉴中走出去,重现中华文化昔日的辉煌。中华优秀传统文化上下五千年,博大精深,源远流长,饱含哲理,辩证和谐,地方特色文化内涵丰富。在广阔的当今世界大舞台上绽放异彩,展示中华文化的国际范,增强中华民族文化自信和促进优秀传统文化的传承与创新。

一、弘扬优秀传统文化,有利于师德文化建设

历史告诉学员,在这样一个具有 56 个民族的东方大国,靠什么统一人民的

思想、凝聚起华夏民族的强大力量，早日看到华夏民族的繁荣富强的伟大目标，继承和弘扬我们的优秀古老文化是明智之举，从我们古老而博深的文化精华中寻找智慧。弘扬中华民族的传统美德，坚守住华夏民族大团结和互敬互帮，连接着每个华夏子孙后代的内心寄托。古老的民族文化中的人文精神，激发了中华民族创新创造活力，展现出中国人民丰富的内心世界和独立自强的人格。中华传统文化的思想理念、传统美德、人文精神，为中华民族生生不息、发展壮大提供了强大精神支撑。在改革开放和社会主义现代化建设中，中华传统文化的厚德载物、自强不息精神，滋养着中华儿女的心灵，推动中国这艘巨轮乘风破浪勇立潮头。学员要学习与养成相结合，使传承中华优秀传统文化成为全体中国人民的共同责任，让中国特色的社会主义道路行稳致远。

二、中华优秀传统文化的核心内涵

文化是一个民族的血脉和灵魂，是一个国家、民族自然孕育而成的精神财富和人文底蕴，是一种包含精神价值和生活方式的民族气质，是整个民族共同拥有的精气神。中华文化的儒、释、道思想，构成优秀传统文化的核心内涵，是中华民族的精神命脉，中华古诗词已经深深地镌刻在岁月的记忆里，成为中国的文化血脉，是民族新征程上奋勇前进的不竭动力。

（一）中华传统文化具有兼容并蓄的特征

中华传统文化博大精深、兼容并蓄、和而不同，优秀传统文化的内涵具有生生不息、为国为民、滋润万物、以德化人、博大精深的高尚境界和精神价值。第一，生生不息的拼搏性格。中华民族自古以来坚强勇敢，对侵略者进行不屈不挠的抗争。"天行健，君子以自强不息"，这种生生不息的拼搏性格推动着华夏民族的前进，鼓舞着中华优秀子孙在世界上崭露头角。世界文化遗产兵马俑与万里长城的修建，都是中华儿女谱写的一曲又一曲自强不息之歌。第二，为国为民的责任担当。"先天下之忧而忧，后天下之乐而乐"的担当精神，"天下兴亡，匹夫有责"的报国情怀，在中华文化精忠报国精神感召下，培育了大批中华优秀好儿女，筑起了民族兴旺发达的铜墙铁壁，激励着一代又一代仁人志士为民族独立和国家富强而前赴后继，在国家民族危亡面前视死如归、矢志不渝。第三，滋润万物的历史文化品质。春秋战国时代诸子百家大师到各国游说讲学，广收弟子，不拘于形式，有的在课堂为学生上课，有的则在田间地头，教学生做事做人，老师与学生吃住在一起，创造了开放办学的成功实践，振兴了民族历史文化，培养造就了大批治国栋梁之材。汉武帝重视儒家文化，从汉朝以后儒家文化越来越受到上层和民众的喜爱，儒家讲究兼收并蓄，体现了文化的兼容性。第四，以德化人的高尚风范。春秋时期的管仲提倡以"仁"与"礼"治国，而"仁"、"礼"的统一就是德。孔子所强调的"德"，即伦理之德，以德来感化百姓，保持和谐。孔子在熟悉观察学生个性特点的基础上，有针对性进行教育，实现共同进步、共同发展，《论语》中记载，学生冉求做事胆子很小，遇事畏缩不前，孔子鼓励他大胆去做；子路胆子大，遇事轻率鲁莽，做事不稳重，孔子便抑制他一下，使他谨慎些。孔子进行不同的教学，讲究由浅入深，因人而异，培养了一批思想家。第五，博大精深的文化境界。中国历史文化深厚，儒家思想主张和追求"和而不同"的思想境界，主张人与人和谐相处、人与自然和谐共生。坚持民族平等、民族团结、促进各民族共同繁荣，把国家的集中统一与少数民族自治结合起来，尊重各民族的不同宗教信仰和风俗习惯，让每个民族实现共同发展。和谐使社会稳定、家庭幸福，有利于构建人类命运共同体，实现社会可持续发展。"道法自然"，"己所不欲，勿施于人"，中华优秀传统文化思想为振兴中华奠定了强大的理论基石，成为中华民族的精神力量，推动着社会的发展。

（二）中华传统文化的丰富内涵

有着悠久历史的中华文化思想精华，闪耀着永恒的思想光芒，为解决人类生存和世界性难题供了借鉴。中华文明历经朝代更替和外敌入侵，在磨难中一枝独秀，出淤泥而不染，丰富涵养着民族文化内涵。中华传统文化是历代华夏民族挖掘整理而成的，代表中华民族智慧的结晶，是对中华民族风俗的高度概括和总结。中华意指中国与华夏，是汉民族和55个少数民族同胞的总称。国家的统一、疆域的扩展，中华民族凝聚力和命运共同体意识增强。"传统"从历史和社会的层面来研究，主要是人们多年的养成和生活习惯流传下来的文化风俗，比如中华民族的乐善好施、与邻为善、过年过节、婚丧嫁娶等民间风俗。文化是一种历史传统观念和风俗习惯，需要不断更新和完善。有的风俗习惯在历史上只是昙花一现，各个民族都能接受有价值的民间文化，对各村寨乃至整个社会生活都有着广泛而深远的影响，尤其对我们这个古老民族的风土人情和家传家风意义深远。中华传统文化历来强调以"齐家治国平天下"为人生最高目标，倡导"穷则独善其身，达则兼济天下"的处世态度，把国家安危、传宗接代和家庭幸福奉为情操文化之一，是人类社会至今唯一一支从未中断、延续发展独领风骚的文化。中华文明是世界四大文明中延续时间最长、未曾中断的文明，埃及、印度、古希腊和罗马文化多次中断甚至淘汰，中华文明自夏代历经各朝代，代代相传、经久不衰，表现出文化的顽强生命力。社会发展的文明进程中，中华传统文化的儒家思想，是解决世界性难题的一把钥匙，孔子的伟大智慧受到世界的推崇，是中国对世界文化的杰出贡献。

（三）中华优秀传统文化特色鲜明

中华传统文化具有诸多鲜明的特色：第一，以儒学为杰出代表。在中国封建社会两千多年的历史进程中，孔子的儒家思想在封建统治阶级的官方活动中处于支配地位，对中国历史文化的发展产生了深远而广泛的影响。事实证明，孔子的儒家文化思想是中国传统文化的主流思想，中华优秀传统文化是历代古圣先贤五千年光辉思想和经典智慧的结晶，儒家思想提倡修身、齐家、治国、平天下，修身是一切的根本，主张为政以德；讲究中庸、平衡、恰到好处，分寸感极强；主张以邻为善、以邻为伴，乐善好施、以德报怨、舍生取义等等。这些品质，在当今仍具有重大的现实意义，譬如，守规矩讲道德的生活行为，才是安全快乐幸福的生活，全民守道德讲诚信，整个社会才会更健康更文明。第二，主张"天人合一"。"道法自然，天人合一"是中华传统文化的精神支撑。中国传统文化倡导人与自然和谐共生，把自然看成是人类的朋友，是人类的生命共同体。中华民族敬天敬地敬山，把自然看成是自己生命的一部分，人们利用自然、顺应自然，并发明了二十四节气。中华传统文化是一种自然文化，是至高无上的人类精神境界，表现出旺盛的生命力和强大的优势。第三，富有实践性。中华传统文化是从实践中产生的，是一种直抵人心深处的文化，是劳动人民从生活中提炼出来的客观理性文化。即使中华传统文化中的保守成分，其实也蕴含着和、福、安、寿等元素，去其糟粕、取其精华，也值得提倡弘扬。社会越高度发达，人的知识越丰富，人们认识世界的能力越强，对中国优秀传统文化的传播就越有利。第四，传承有序、自我革新。在民族发展进程中，中华文化借鉴人类文明的一切成果，古为今用，洋为中用，中华文明与时俱进、生生不息，赋予了中华文化自信的特质和优势。第五，兼容性很强。中华民族善良纯朴，善于团结他人，中国传统文化内部聚集力很强，善于站在对方的角度考虑问题，"老吾老以及人之老，幼吾幼以及人之幼"，中华文化注重和谐，讲究个人与他人、团体之间的合作精神，注重人与自然和谐共生，展示以和为贵的人类精神"普世价值"。第六，开放性文化。我国传统文化是一个开放的思想体系，虽然在历朝历代与外国交往不是那么频繁，但从唐朝开始与周边国家的文化外交已呈现出强劲的势头。第七，强调知行合一。文化就是以文化人，以教育感化人，其目的是促进人类社会的文明发展和进步，实现人们对美好生活的需要。我国传统文化推崇儒家知行合一的学说，以天人合一为起点，实现修身、齐家、治国、平天下的人生意义和价值追求。

总之，中华传统文化博大精深，是一座精神宝藏，它源远流长、延续不绝，在今天依然闪耀着智慧的光芒，孔子学院提倡的"和为贵"思想增进了各国的文化交流和融合，中国文化走向了国外，我国人民也领略了一些外国文化，这对世界政治的交流是一个很大的进步，人们从文化中可以看到一些新东西，学到一些前人的创造理论和现在的最新发明，的确会使各国人民心心相印，消除一些误解和隔阂，对世界治理的稳定和平发展都会有益。

三、中华优秀传统文化的时代价值

文化兴盛国运强大，文化强民族强，中华优秀传统文化是一部规模宏大的历史诗篇，反映一代代优秀中华民族后代深入血脉的基因，汇集着历代华夏儿女的文化符号，是古老的伟大民族历经侵略不败、从苦难走向辉煌的自信源泉。因此，弘扬中华优秀传统文化是一个系统文化工程，要以科学严谨的态度研究传统文化，实现其时代价值。

（一）加快中华优秀文化创新，实现其时代价值

基于高校师德文化的需要，从源头上对古老的优秀文化进行变革和创新，进一步加强我华夏优秀文化宣传推广应用力度，推动珍版古籍走出深宫，精准解读国学经典，穿越时空与圣贤先哲对话，实现其当代价值。我国传统文化浩如烟海，具有深厚的时代性、民族性，学校和社区是传承与创新我国传统文化的重要路径之一。通过古诗词朗诵大赛，传统文化知识竞赛，板报书画宣传，读书演讲会，艺术节，国学经典进校园进课堂，有利于了解国学，增强"传承国学经典，培养国家栋梁"的意识。通过学国学，弘扬中国传统文化，积极参与"传承和创新传统文化"主题教育活动，增强学生和社区居民的传统文化自信，充分利用新媒体优势，整合各种优质资源，打造一批有影响力的网上优秀传统文化传播平台。广泛深入宣传乡贤文化、家风家训、传统民俗等优秀传统文化。开展中华传统文化实践活动，促进传统节日文化与现代文明的有机结合，注重家国情怀和人文关怀，大力倡导与培育积极向上的新风俗。以传统节日、文化节庆为契机，组织开展具有民族传统和地域特色的民俗文化活动，创新丰富春节、元宵、端午、七夕、中秋、重阳等传统文化内涵。大数据时代，要利用互联网信息技术，创新中华传统文化传播手段和模式，实现中华文化的时代价值。互联网有助于我国传统文化的数据化处理，把传统文化经典数字化，突破口传心授等形式传承和创新，把一些散落民间的中华传统文化搜集整理出来，用多媒体技术完成民族文化的演绎和推广，为当代留下更多民族文化瑰宝。

（二）振兴中华、华夏民族繁荣昌盛，需要古老优秀文化支撑

几千年的优秀文化不仅承载着我们历朝历代人民的梦想和创造，而且寄托着东方古老民族善于发现勇于实践厚德于世的信仰和遐思。只有通过精准传承和创新发展，才能实现其时代价值。学员应精准传承和诠释优秀传统文化的内涵，把中华文化的精髓和圣人智慧总结利用起来，活学活用优秀传统文化蕴含的丰富哲理，比如以德治国、和而不同、美美与共等，是当今世界治理的重要文化思想，中华优秀传统文化的哲学思想、人文精神为我国现代化建设提供坚强理论支撑。中国特色社会主义文化具有历史继承性，离开传统文化，当代中华文化就会成为

无源之水、无本之木。充分挖掘中华传统文化的时代价值，能保持社会主义现代化的中国气质和风俗，我们的强国之路也会走得更稳更有力道，成为人们乐见一个盛世大中华。

古老文明的中国传统文化历来强调以人为本，尊重人的个体性、独立性、创造性，将天下太平作为每个人的共同价值追求，这是构建人类命运共同体的思想支撑，也是缔造"中国梦"的文化渊源。构建人类命运共同体建立在合作、互利、发展、共赢等理念之上，表达了"协和万邦"的政治理念与"亲仁善邻"的价值追求，展示出孔子儒家思想解决世界性难题的重要启示和时代价值，为人类社会和谐发展指明方向，为全球治理提供了中国方案、贡献了中国智慧。

（三）中华优秀传统文化是增强民族自信心的必由之路

中华民族自古就有爱国的基因，只要深谙中华民族悠久历史，就会对传统文化抱有敬畏感和自豪感，就会增强我们的民族自信心。清代著名学者龚自珍说："欲要亡其国，必先灭其史，欲灭其族，必先灭其文化"。文化是一个民族的精神命脉，传承和创新传统文化是中华儿女的天职。在大数据视域下，通过图书馆文化服务转型，有利于传承和创新中华优秀传统文化，实现其时代价值。利用图书馆向空间功能优化与阅览推广建设转型发展，以阅览创新活动为载体，积极探索中华优秀传统文化阅览推广空间建设，旨在打造集书画创作、专题阅览、休闲阅读于一体的中华文化共享空间。现代图书馆文化服务面向精准化、自助化转型，充分发挥图书馆阅览功能，达成图书文化的精准阅览、精品阅览。要经常组织中华传统文化诵读活动，比如党校系统的征文、演讲比赛及摄影作品展览等。这些活动既丰富了图书馆的文化生活，又吸引更多人士关注中华优秀传统文化。利用图书馆文化服务向数字化转型，把中华传统文化纸质资源升级为数字资源；全面加强中华传统文化的数字资源建设。中华民族通过传承传统文化找到归属感和精神寄托，强化我华夏民族的凝聚力量。

古老的优秀文化是我们中华民族的文化基因，是人民的精神家园。新时代要让中华优秀传统文化进课堂、进家庭、进社区，加大古老优秀文化解读，让全社会学习和借鉴古老优秀传统文化成为一种风尚和追求。要注重科学挖掘我国传统文化的丰富内涵和文化优势，讲好我们自己的故事，使全世界了解中华文化，我们的文化会展现出伟大的魅力，把古老传统文化的精髓提炼好、使用好，通过文化的熏陶和感染把人民的思想智慧凝聚起来，为实现中华民族的伟大复兴提供强大的精神力量。

四、师德育人机制

教师需要扎实的理论功底和教学能力，以教书育人为天职，以教学和关爱学生成长为目的，在课堂上传授知识，引导学生见真知长才干，检验和开发学生的反应能力和学习效果。教学中有管理，教学管理抓得好，学生学习秩序和生活规律才能规范化；有了一个良好的学习环境，高校教书育人水平才能取得理想的效果。学校通过校园内进行的管理活动，为学生提供良好的学习生活服务环境，各方面需要单独构成一个师德育人体系。

校园内要为师德文化造势，使师生自觉学用优秀传统文化，把我们优秀的传统文化与新时代文化结合起来，学以致用、知行合一，规范学生的行为，大学生在潜移默化中增长了见识，身上铸就了中国心和中华魂，展现出中华民族后继有人的力量。把实践育人与开展第二课堂结合起来，培养大学生的集体主义观念，接受集体的领导和关怀，明白团结就是力量，每个人在集体中都要发挥和展示自己的力量，维护集体主义荣誉，从内心滋养民族心爱国情。为中华民族大团结贡献自己的聪明才智，彰显做一名中国人的志气、底气、骨气。

高校培训应根据大学生的思维方式、认知特点和精神需要。通过组织育人，隐性教育具有无微不至的组织优势，强化大学生科研和能力提升培训，创新培训方式，春风化雨，用最新的马克思主义中国化时代化成果滋润学生的心田。动员高校各级党组织和辅导员走进学生当中，问教于学，问需于学，为了学生成长提供最好的培训文化套餐。

组织培养是培养人才的重要形式和重要内容，培养人才是组织培养的出发点和归宿。总体来说，个人的思想道德修养不可能"一口气吃个胖子"，而运动式的思想道德修养只能在短期内解决表象问题，不能内化于心、外化于行，可以采取二者相结合的方式，建立奖惩机制，激发学生的内生动力，发挥大学生的主观能动性，充分尊重学生的创新和新思想新方法，让他们实践中挑大梁冲在前，促进大学生健康成长。

学校的党组织培养是教书育人的重要途径，各级党组织注意总结学生的成功经验，激发学生的创新能力。通过学校科学知识普及学生正确解读，使学生认识到自己的行为是对的。组织丰富多彩的活动，能满足学生的心理需要。

五、师德文化培训要求

当代高校培训要把握世界之变、时代之变和任务之变要求，紧盯我国发展的战略目标，着眼于经济社会和安全发展的需要，提升大学生服务社会的能力和技能，切实体现高校的智库作用和大学生的青年生力军作用。

（一）新理念

立德树人，是指思想政治教育全面覆盖大学生学习和生活的全过程。为大学生创造一种生活情景和社会环境，在这里进行社会实践和个人能力的发挥，从而实现高校组织育人的目标。使思想政治教育与主流意识形态相结合，在课堂教学中渗透，以德育人、以法管人，充分发挥思想政治理论课的铸魂育人作用。

（二）新目标

实现中华民族伟大复兴，靠一大批科研型和技能型人才来支撑，国家需要能担当重任、勇于创新、能干大事的青年领军人物，这是国家的中坚力量和民族振兴的中流支柱。培育时代新人，担当民族复兴大任，要努力做到使每个学生都接收到科学理论和专业技能的培育和教导，经过各层次实践锻炼和优胜劣汰，真正公平地选拔出中华优秀好儿女和国家需要未来栋梁。大学生在科学技术的专精端方面发挥优势，站在时代的制高点，敢干、敢闯、敢勇立潮头，夺取前沿科技和核心技术的新胜利。

（三）新动能

新时代激发高校教书育人创新力，高校要找准影响发展的短板、弱项，坚持问题意识，抢抓时代机遇，补短板、强弱项。注重思想政治工作的育人作用，从历史的维度梳理来看，沂蒙精神的创造者也都有着美好的思想追求，热爱祖国、热爱人民是他们自然而然拥有的一种感情，爱家乡、爱祖国，是沂蒙精神创造者的一种朴实情怀。沂蒙精神与齐鲁文化相互融合，齐鲁优秀传统文化是沂蒙精神的传统基因，而沂蒙精神起源于齐鲁优秀传统文化，形成于革命战争时期，发展于新时代，沂蒙精神是中华民族精神的重要组成部分。齐鲁文化特点和精神有四个：一是不屈不挠、敢于胜利的乐观主义精神，这是古老的中华民族直到最前沿的法宝。二是崇尚英雄的爱国主义精神。民族需要英雄，振兴中华必须弘扬各方面的英雄，这是我们的民族顶梁柱。三是经世致用的救世精神。四是勤谨睿智的创造精神。这也正是沂蒙精神的基本内涵，是师德文化建设的创新新动能。

第四章　沂蒙精神促进校园文化建设创新

沂蒙精神是我们党的精神谱系之一，是社会主义核心价值体系的灵魂和重要组成。国之兴衰，系于教育，教育成败，在于教师。韩愈说："师者，所以传道、授业、解惑也。"发展教育事业，教师队伍建设是关键，而道德是做人的根本。教师作为学生学习和生活的引路人，师德对学生有着巨大的影响，是培养高素质人才的必由之路，是高校创新发展工程的重要基础。目前中国高校师德师风建设的现状不容乐观，主要表现在教师敬业精神缺乏，创新意识不强，工作责任感和担当意识不够。创新教育是一种全新的教育理念和模式，而不是简单的教育方式方法。创新教育实行"面向全体"的光谱式教育，推进"递进式分层分类"的实践指导和服务体系建设，学校针对各培养阶段进行实践内容的分层分类定位和设计，并协同系统的服务与指导。学校的创新教育不仅仅是实践，更应该是一种理念和模式，需要的是学校思维方式的转变，以及达到观念的理论自觉，因此必须依靠制度予以保证，同时加强自身建设。本章将从校园文化创新、校园文化建设创新措施、沂蒙精神推动教育和文化创新、党性教育培训创新等方面论证这一主题。

第一节　校园文化创新

文化是一个国家民族的精神追求和灵魂根脉，文明交流中展示中华文化的独特魅力精神和气魄；优良文化具有生命力、创造力和凝聚力，是激励人民推动社会发展的精神动力。文化是民族的血脉，人民的精神家园；大学校园文化是中国特色社会主义文化的重要组成部分，对文化强国战略具有非常重要的意义。大学作为传承人类文明、培育社会精英的大熔炉，已经成为社会不可或缺的重要部分；

要从国家战略发展的高度，不断探索大学校园文化建设创新机制。

一、高校文化建设现状及存在问题

新时代我国大学教育的质量和水平已迈入世界先进行列，国家高等教育发展急需解决存在的不均衡不充分问题，满足新时代人民群众对高等教育知识的需要，不断促进人的文化进步和全面发展。大学校园文化建设在高等教育历史进程中具有方向性引领作用，当前校园文化建设的重要性还存在认识上不深刻、理解不到位等比较显著的问题。一是大学文化建设持续性不好，有的不够重视大学校园文化建设，二是创新大学校园文化建设方面还存在一些不足，三是各大学校园文化建设特色不突出，对自身校园文化的时代内涵及历史价值没有进行充分的挖掘和提炼。

（一）对校园文化建设的重要性认识不够

高校文化建设中有的要面子不要里子。校园文化建设中存在形式主义，为了让校园文化的门面好看，在校园文化建设中搞一些形象工程，有的大学社团越来越多的走过场，劳民伤财，大学校园文化建设成了花架子、假把式。一是存在模糊认识，大学校园文化建设局限于学生管理上；校园文化建设仅作为学生管理部门的工作；学生工作部仅召开一些学生演讲会，开展一两次卫生检查及公益活动，校园文化建设比较肤浅，没有形成合力，还停留在旧的教育思维方式上，没有认识到校园文化的深层育人功能，没有把校园文化建设纳入到大学总体教育发展中，大学校园文化的功能没有得到充分的发挥。二是校园文化建设制度不健全。校园文化建设要有制度做保障，有了一个好制度能确保师德文化和校园文化建设顺利进行，鼓励学校师生自觉参与校园文化和师德文化之中，自己的一言一行都在遵循师德文化建设，校园文明好风尚和助人为乐成为大家的自觉行为，这就是我们所想创建的文明和谐的校园文化。有的大学校园文化建设制度不健全，缺乏合理的统筹规划，校园文化建设没有目标和动力，导致校园文化建设在无序中发展。三是轻视精神文化建设。有的大学尽管在校园文化建设上下了不少功夫，由于忽视了深层的精神文化建设，没有处理好通俗文化与高雅文化的关系，存在着本末倒置的现象。精神文化是大学校园文化建设比较重要的元素，只要师生养成一个良好的精神风貌和文明好习惯，就会加入大学校园文化文明创建的大潮当中去。高校师生会感到自己是学校的主人，校园文化和师德文化建设都是自己的分内工作，这种团结一致积极向上的青年力量会拿出高标准建设优美的校园。高校要维护师生的正能量，为师生的成长提供好的环境，要在培养学生的人文精神和科学精神上下功夫，让广大师生焕发出昂扬向上的精神风貌。

（二）校园文化建设创新不足

近年来，我国大学校园文化建设一直处于被动发展的局面。大学精神受市场经济大潮的冲击，校园文化在与社会文化冲突中出现了一定程度的缺失；大学教学科研活动出现功利化倾向，大学校园文化建设缺乏创新能力。一是受现行管理体制及评价方式的影响，大学办学目标趋同化、办学模式单一化。二是随着现代大学制度的推进，很多大学校园文化建设目标不明确，校园文化建设缺乏创造力，大学校园文化建设未能与人文教育整合，无法承载人文教育责任；导致校园文化建设与学科建设不协调，大学校园文化建设创新资源和氛围不够。三是有的大学教师只教书不育人，教育教学创新更是无从谈起。师德建设是校园文化建设中的重要一环，师德的核心内容就是教书育人，在某种程度上，教师育人的作用更为重要。高校扩招以后，因为师资力量的缺乏，高校都在近几年招聘了大量的年轻教师。这些年轻教师学历较高，业务能力一般，职业道德观念淡薄，爱岗敬业精神不强，重教书，轻育人，没有对学生进行价值观的教育引导。有些年轻教师本身就缺乏人文精神，缺乏科学精神，缺乏对学生的人文关怀，很难做到教书育人一肩挑。教师作为校园文化建设的主体，要通过育人来传播学校精神和办学理念，只教书不育人说明有相当一部分教师没有把自己放到校园文化建设的主体位置上。因此，校园文化建设要加强教师的创新能力。

（三）校园文化建设没有精气神

当下社会人文环境亟待改善，有的信口开河不讲诚信，利益至上不讲大局。有的大学师生为了金钱放弃价值取向，制造学术垃圾，心态浮躁、急功近利。在大学精神坠落的校园里，大学生追求人文素养成了一句空话，大学校园文化建设成了空穴来风。大学没有了精气神，办学浑浑噩噩，大学校园文化建设层次偏低，没有办学特色。大学精神是经过几代大学人的努力，自然形成的精神价值追求，主要包括独立精神、人文精神、创新精神等。当人们一步入校园就感觉到不一样的震撼，这是一种文明的气质，能带给人以思考；这是一种世界大潮流，能带给人们以青春的气息，校园里处处气势磅礴，给人以安全和力量。我国的大学是研究学问之地，要保持独立精神和自由思想。物质文化是校园文化建设的依托，精神文化是校园文化建设的核心，一个大学的精气神，是其建设成为世界一流学府的必由之路。中国特色社会主义已进入新时代，高等教育逐渐迈向国际化时代，特色文化已成为大学校园文化建设的显著标志，对建设世界一流大学非常重要。因此，高校的校园文化适合自己的办学特点，反映历代学校教职工的愿望，师德文化与校园文化建设互相促进共同进步，切实让师生看到校园文化很亲近很大气，让本校文化品牌成为师生精神的休闲之处和自豪之地，凝聚师生心声感受到文化的呼唤，对师生形成强烈的感召力、震撼力。

二、校园文化建设内涵

大学文化是一条永不干涸的历史文化长河，创新大学校园文化，注重大学文化的内涵发展是非常重要的。

（一）弘扬大学精神，培育校园文化时代特色

大学是国家的思想文化高地。一个大学的发展历程，是一部与国家民族同兴衰共命运的历史，大学精神成为学校科学发展、创建一流大学的不竭动力。

应重视收集整理大学人文历史特色。重视和珍惜大学校园的历史、人文和艺术价值的文物建筑；这些文物建筑见证了大学的发展轨迹，让师生感受到大学的沧桑与厚重，能找到回家的路。让历史感和现代感有机融合，展现大学深厚的历史底蕴和文化魅力，重视文化设施和文化符号建设，增强师生的主人翁意识，构筑大学精神的神圣殿堂。

弘扬大学精神，主要包括大学自由独立精神、人文精神、创新精神等。培育和弘扬大学精神是大学校园文化建设的重点和突破口，培育具有时代特征和学校

特色的大学精神，坚持以大学精神统领大学校园文化建设，坚持"以人为本"的教育理念，培养师生高尚的人文精神和科学精神，是大学文化建设创新的关键。

（二）健全制度，建设内涵丰富的校园文化

确保大学校园文化建设的实施。大学校园文化建设，要坚持走内涵式发展道路，培育办学特色，立足于大学本身的历史发展状况、学科特点和所处的社会环境，明确自身定位，发挥强项优势，树立特色兴校的办学理念，突出发展学科优势的品牌特色专业建设，为国家民族的发展做出自己的文化贡献。

学术是大学的灵魂，也是大学校园文化建设的精神支柱，必须有制度做保障。建立民主和谐的学术气氛，促进大学文化品牌塑造。高校的师德文化和校园文化建设必须立足自身实际，彰显大学文化的个性和特色，这是一所大学的生命力。

（三）师德引领校园文化建设

新时代大学校园文化建设，要以学生为主角，鼓励大学生有梦想和创造精神，促进大学生成为国家的栋梁之材，在师生的共同创新成长中成为大学校园文化建设的一道风景。实现中华民族的伟大复兴，需要大学生的参与和奋斗。将中国梦融入校园文化建设，加强校园文化建设力度，优化校园文化育人氛围，发挥师生的智慧和力量，让每个大学生享有人生出彩的机会。以良好的育人环境，增强大学生的民族自豪感和文化自信心。要明确大学生是校园文化建设的主角，在校园文化的舞台上扮演着重要角色。大学校园文化建设要充分发挥大学生的主人翁意识，帮助解决大学生的后顾之忧，发挥大学生骨干队伍的榜样作用，积聚大学校园文化建设的正能量。

一是教师对学生心灵塑造的示范作用不可替代，要将大学校园文化建设与教学、科研、管理、校风、学风等综合考虑，调动全体师生参与进来，把教书育人和师德文化养成当成自己的分内事，实现大学校园文化建设的健康发展。

二是加强师德师风建设，发挥教师在大学文化建设中的引领作用。教师是大学校园文化建设的重要参与者。要发挥教师的引领作用，建设高水平的教师队伍。教师严谨求实的态度潜移默化浸润学生，言传身教，成为学生的榜样。大学校园

文化建设必须坚持以师生为中心，关注师生多元文化的张力和冲突，实现人的全面发展。

三是注重培养爱国人才。大力宣讲我国优秀的民族文化，增强大学生民族自豪感，全面提高人才培养质量。积极发挥文化育人作用，向大学生讲好中国故事和中国精神，帮助学生提高文化自觉，增强文化自信，健康成长、全面发展。采取切实有效措施，加快培养更多高层次文化领军人物和高素质文化人才，为社会主义特色文化大发展提供有力的人才支撑。大学文化是对青年人生的一种再造和升华，要加强大学生国家意识培养，大学生经过多元文化的锻造，才能应对时代，立足社会，辉煌人生。

三、持之以恒抓高校师生思想政治教育

高校对塑造大学生理想、人格方面具有至关重要的作用；如何有效地开展思想政治教育工作，是思想政治教育工作者长期以来一直探索的问题。要借鉴孔子教育思想，在教育实效上创新，注重学思结合，创新教学机制；因材施教，培育时代强者；循循善诱，激励学生成才。坚持知行合一，打造育人平台；夯实基础，注重思政教育从娃娃抓起；加强师德建设和中华优秀传统文化教育。突出大学生的主体作用，创新第二课堂和社会实践教育。

青年强则国家强。新时代思想政治教育要遵循教书育人和学生成长规律，高校用师德文化和校园文化培育学生思想品德，并融入思想政治工作中，学生就会懂得做人和做学问是一致的，绝不是孤立的，学校的思想政治工作也会呈现出学生积极进取的局面，讲师德的多了，爱国爱家的学生不断出现，带动思想政治教育工作不断前进。学生之间相互关心，互相帮助，这正是思想政治工作所期望的好现象，就不会产生思想政治工作方面的困难。我们的高校对思想政治工作只需要在为学生服务上下功夫，学生在学校能有家的感觉，把学习当成一个轻松喜欢的事情，在教育和生活上多关注学生，贴心去服务学生；直面思想政治教育与文化育人等方面的热点、难点和焦点，聚焦人的全面发展，教育学生既脚踏实地又仰望天空，把实现学生成才需求与思想政治教育创新结合起来，不断改进完善

教学方法，积极探索新时代思想政治教育创新发展的有效路径，具有重要的时代价值。

（一）借鉴孔子教育思想，在教育实效上创新

思想政治教育主要是对人的精神世界细心的关照，要采取分阶段、分层次、分类别的教学，要始终踏着时代的节拍，摸清大学生的思想脉搏，把握大学生的多样化需求，从解决学生的当前需要入手，去做学生的思想政治工作，取得的效果就会好。结合学生思想实际，采用启发式、互动式教学方法，完善教育培训，推进有的放矢，讲求实效。高校教师要重视发挥学生的主体作用，提高学生的自觉性，促进思想政治教育的针对性，提高教育的实效性。孔子教育思想内涵丰富，其学思结合、因材施教、循循善诱等重要思想，在今天仍然闪耀着智慧的光芒，是增强思想政治教育实效的关键一招。

1. 学思结合，创新教学机制

子曰："学而不思则罔，思而不学则殆。"孔子认为，在学习的过程中，学和思不能偏废，主张学思结合，在思想政治教育中依然非常重要。学思结合对思想政治教育有重要的启迪作用，只有将读书与思考有机地结合起来，才能收到良好的效果。当前，高校思想政治理论课大多采取"满堂灌"的教学方法，并不受学生的喜欢和认可。要创新教学机制，探索教学新思路。充分发挥思想政治理论课的铸魂育人作用，把中国特色社会主义理论转化为思想政治教育的话语体系，结合学生思想实际，采用启发式、体验式教学方法，在平等沟通、自由讨论、互动交流中推动教学内容真正入脑入心。孔子鼓励学生提出疑问，以此发展学生的思维能力，打开学生的想象空间，培育社会所需要的创新人才。创新教育方法，学思结合，学生才能真正敞开心扉，畅所欲言。这样容易引起学生的共鸣，激发学生思考的欲望。

思想政治教育成败在于教员，平时教师以自己的实际行动去感化和引领学生。根据每个教师的特长，联合班级辅导员去做自己有意向的学生思想工作。开展学思结合的思政课教学，通过所学所思所感，能深化提高校园内的思想政治教育课效果。立足服务学生全面发展，提高大学生的爱国情怀，增强思想政治教育的功能。

2. 因材施教，培育时代强者

"因材施教"是孔子教学的重要思想，在充分了解学生的性情禀赋、思想认识水平的基础上，依据学生的具体特征，从学生的实际情况出发，采取相应的教育方式，抑强而励弱，使学生的品质得到均衡的发展。子路遇事轻率鲁莽，要抑制他一下使他谨慎些，而冉求遇事畏缩不前，所以要鼓励他大胆去做。孔子的"因材施教"造就了各有造诣的高徒：德行深厚的颜回、擅长辞令的子贡、精于政事的子路、擅长文学的子游等。根据学生的具体情况，因势利导地实施教学，使每个学生都能扬长避短，达德成才。思想政治教育必须坚持因材施教的原则，根据学生思想特点和接受能力开展教育内容，注重个性心理差异，教育方法对思想政治教育的成败起决定性作用。"因材施教"是通过对学生准确、全面的了解，帮助学生充分发挥所长，各尽其才。教师要平等相待、为人师表，充分发挥学生的积极性、能动性，开导启发，提高学生的创新能力，形成和谐的师生关系。

高校思想政治教育要因材施教，做到内外兼顾、紧贴实际。在因材施教过程中，切记不能脱离思想政治教育的主题，不能降低思想政治理论课的标准。根据学生的不同情况进行针对性教学，把思想政治教育和解决学生的所需所盼贯彻到各类课程中，真正做到春风化雨，润物无声，将思政教育贯穿学生培养的全过程，培育出优秀的时代奋进者和开拓者。

3. 循循善诱，激励学生成才

孔子对自己的学生有极为深刻的洞见，对学生施教时，在教学中善于运用循循善诱的方法。针对学生的迷惑之处，孔子总能给予适时、适当的启发和诱导，激发其求知欲，促使其思考。他主张"不愤不启，不悱不发。举一隅不以三隅反，则不复也。"思想政治教育不应采取灌注式方式，而要结合教学诱导学生主动思考，思考后仍不得要领时，再去开导他；其次是要在学生想要说出自己的意见又说不出来时，再去启发他说出来。另外，一定要使学生举一反三，触类旁通。教育的功能在于完善人格、启迪智慧、激励成才。只有循循善诱，才能滋润心灵，避免大学生的逆反心理。教师要养成规范的言行，并揣着一颗热心、耐心说服教育学生，帮助学生解决实际问题。

思想政治教育要未雨绸缪，增强预见性和主动性，把问题解决在萌芽状态；

思想政治工作以尊重学生为根本，不能急于求成，保护学生的进步心理，时时处处为学生考虑。建立健全心理咨询机构，提倡孜孜以求、和风细雨的教学模式，因势利导、情理交融、入脑入心；建立平等、亲密的师生关系，做学生的良师益友。

高校在思想政治工作中要体现尊重与重视，让学生感受思想政治教育带来的乐趣，能够提高教育的效果，进而实现学生政治觉悟的提高。循循善诱，引导学生独立思考，改变了传统的单向灌输式教学方法，充分发挥学生的主体作用，促使学生自主参与思政教育。

（二）坚持知行合一，在育人手段上创新

坚持知行合一，将正确的价值观贯穿于实践育人全过程，是增强大学生思想政治教育实效性的重要途径，是高校实现人才培养目标和现代化教育的需要。

坚持知行合一，创新教学方法。高校立身之本在于立德树人，学校思想政治教育要发挥立德树人作用，直抵心灵，启迪智慧，以鲜活、生动的案例教学，激励广大师生为实现中国梦奉献才智，以思想道德文化为领航，做社会主义核心价值观的信仰者和践行者。当代大学生思想上出现了知行脱节的现象，问题的产生有其深层的原因。"知行合一"的教育方式要求教师既要讲思想理论又要讲生动案例，逐渐培养学生对于课堂学习的兴趣，激发学生学习的动力。在教学过程中，老师应当设置不同的情景和课题，让学生在课上讨论，在课下实践，真正做到学生融入其中，参与进来，这样的教学能更好地将学生调动起来，取得良好的实践育人效果。教育内容缺乏创新是思想政治教育的普遍问题，一定要引起重视。

开展社会实践、勤工俭学、创新创业活动，增强教育的思想性、亲和力和针对性，把思政课的课堂教学活动和实践教学活动有效结合起来，让学生关心社会、了解社会，增强社会责任感和实践能力。学校要坚持知行合一，实践育人。把实践课纳入学生走出校园进行社会调查提高素质的手段，通过教育实践行动，让大学生感同身受，升华认知。思想政治理论课实践教学是理论课堂的有效补充，有助于将学生所学"内化于心、外化于行"。可以通过现代信息网络技术，让学生当主角，自编自演，把思政课教学案例制作成视频、微电影，提高学生的动手能力，加深思政课教学。思政课实践教学，让学生的综合素质和能力得到提升，增

强了大学生认识、分析、解决问题的能力,同时提高了大学生的服务意识和奉献社会的自觉性。

(三)夯实基础,在师德文化育人方面创新

思想政治教育是高等教育的灵魂工程,承担着培养国家栋梁之材的神圣历史使命,要防止教育形式化、边缘化和表面化,坚持思想政治教育创新不应是谈谈心而已,而是成全一个人的梦想,能使自己的想法和问题通过这个渠道得到解决,把我们的人民团结起来,把思想和志向汇集在一起,这比什么高调的想法都有效。实现思想政治教育的创新,一是在视野上要坚持创新,塑造大学生所接受的权威;二是在立场上要进行理论创新,只有理论坚定,才能塑造政治上坚定的时代新人。要从学校政治教育开始,加强师德建设,创新教育理念,注重中华优秀传统文化教育,实现全员全程全方位育人。

注重思政教育从娃娃抓起。习近平总书记说,思政课要从娃娃抓起,从小学开始。思想政治理论课的开设,必须从学校抓起、从娃娃抓起,在大中小学开展思想政治教育,让真善美的种子在学生心中生根发芽,让社会主义核心价值观进教材、进课堂、进头脑。要运用各类教育形式,让下一代从小接触中国共产党的历史,了解我国、我党的发展历程,把中国共产党领导人民革命的合理性和建国执政的合法性在小学讲台上讲清楚。从不同角度让学生了解并理解中国是如何建国的,了解中国革命的历史等政治话题。以史为鉴、展望未来,开展爱国主义教育,培养爱国情感,夯实育人基础,拓展育人路径,筑牢育人之魂;培养担当民族复兴大任的时代新人。把爱国情、强国志、报国行融入学校成长的每个阶段,增强中国特色社会主义道路、理论、制度、文化等方面的自信,就能成为奉献、奋斗、担当的高素质接班人。

注重加强师德建设。办好思政课,关键在教师,教师讲课要有亲和力,真心实意、理直气壮地讲。教师要敬畏讲台、珍惜讲台、认认真真讲好每一堂课。要强化青年教师业务素质,要建立教师岗前培训平台,善于运用新媒体开展思想政治教育。积极开展个性化教育,注重搞好心理服务,引导学生积极适应环境,不断提高自我调节能力。让有信仰的人讲信仰,教育学生善于从政治上看问题,保

持家国情怀，心里装着国家和民族。创新课堂教学，给学生乐观的学习体验，引导学生树立正确的价值观，做到课上课下一致，积极传递正能量，教师要以德立身、以德立学、以德施教。高校思想政治教育创新必须始终坚持问题导向，引导大学生追求更高的人生价值，建构大学生精神家园，为学生实现人生价值搭建舞台。

注重中华优秀传统文化教育。思想政治教育是具有文化底蕴、体现文化内涵的一项系统工程，具有政治性、科学性、人文性的特点，其文化的影响力越来越凸显，思想政治教育的创新发展必须依靠文化的育人力量，坚定高校学生文化自信。

师德文化教育需要讲清中华传统文化从哪里来、到哪里去，这是今天走向未来的源泉和不竭动力。让思想政治工作有底气、有特色、有亮点，增强思政教育的吸引力和感染力。把5000年的中华优秀传统文化与思想政治教育相融合，在思想政治教育课程建设方面，着力构建中华优秀传统文化教育体系，通过"以文化人"，开展丰富多彩的传统文化教育活动，让古老的优秀文化进教材、进社区和乡村书屋，在学习和借鉴中华传统文化中受到爱国主义教育。使大学生树立正确的世界观、人生观和价值观。新时代思想政治教育要改革创新，要注重以文化人以文育人，从中华优秀传统文化和社会主义先进文化中寻求根基、汲取能量、滋养心灵、涵育德行，增强文化在思想政治教育创新发展中的重要力量。弘扬中华优秀传统文化，给我们的思想政治教育出一些好主意好做法，古老深厚的华夏优秀文化可以为思想政治工作提供很好的理论参考和文化指南，中华优秀传统文化经典《论语》、《大学》、《中庸》、《荀子》等等，揭示中华优秀传统文化的现代价值，从根本上培养大学生的道德情感和正确的处世态度。

思想政治教育是一个系统性工程，要统筹推进大中小学的思政课教育，实现思政课建设内涵式发展。高校思想政治教育要树立全员育人、全过程育人、全方位育人的教育观念。要建立完善的思想政治教育体系，转变教育观念，建设校园新媒体政治教育平台，做好思想政治网络教育，加强校园文化建设，拓展校园思想政治教育服务功能。要充分利用新媒体传播优势，创新教育载体和教育内容，让学生在实践中学习、体会，自主将思政教育内容内化为自身的感悟，满足学生成长的个性化需求，实现全员全程全方位育人目标。

第二节 校园文化建设创新措施

创新是一个民族进步的灵魂，是人类文明发展的不竭动力。翻阅人类文明发展史，从茹毛饮血、钻木取火到当今社会，布满了人类创新的足迹。创新是新的第一生产力，对于加快建设世界一流学科和一流大学，提高我国大学校园文化建设水平，增强国家核心竞争力，具有十分重要的现实意义和深远的历史意义。

一、建立中国特色的大学创新制度，促进大学校园文化建设创新工作

建立中国特色的大学制度，特别是规划大学校园文化建设体系，以推动大学校园文化的发展和创新。大学校园文化建设需要漫长的积累，文化的发展必须要得到制度的保障和支持，校园文化建设的发展措施和制度是师德建设的重要机制，二者缺一不可，要统筹考虑、共同发展。加强现代大学制度建设，是推进大学校园文化发展和创新的重要途径。

制度建设是校园文化建设的一个重要方面，建立健全科学的管理制度，做到依法治校，实行民主管理，体现公平以人为本的精神。广泛征集学校师生意见，借鉴吸收国内外学校文化制度的先进经验，反复酝酿，多次修改，在实践中不断完善，每一学年进行创新和补充，形成具有中国特色大学的文化管理体系，确保学校领导及教工在制度面前人人平等，一人一票，充分尊重人、理解人、激励人；形成既有统一意志，又有个人心情舒畅的制度环境。

建立校际联动机制，加快大学校园文化建设。首先要构建大学文化资源校际共享机制，破除大学间的条块分割，实现教育资源共享，有力推动大学校园文化的创新发展。其次，要构建大学校园文化资源校际互补机制，学校之间资源通过在开放过程中的互补，便于开展和组织各种文化交流、研讨活动。在大学文化制度建设中，引导大学生自觉遵守校纪校规、行为准则和社会道德规范；建设文化长廊，张贴宣传画、悬挂名人警示语；抓好班级文化建设；开展丰富多彩寓教于乐的文化活动，陶冶大学生的情操，塑造师生的美好心灵和创新精神。

大学智库扮演着引领大学校园文化建设创新的职能。近年来，新思想新理论创新成果不断涌现，有些智库为社会的改革创新提供了高超的思想观点和前瞻想法，高校的智库是高端知识分子的智慧聚集地和人类进步的决策论点，是人才和智慧的集群。要与国内外相关大学签订战略合作协议、共建高端人才培养基地；支持大学智库参与国际合作项目开发，在交流中提升自己宣传中国文化，把智库合作作为促进我国改革开放向更高层级挺进的窗口。聘请有关部门专家到大学智库团队，支持其参与国家重大政策讨论证，向世界讲好中国故事，促进大学校园文化建设创新工作。

二、加强校园文化创新体系的构建，促进大学校园文化建设创新

大学校园文化建设的创新，需要构建完善的大学文化体系。既要学习中央历次全会精神和校园文化建设要求，也要契合新时代高校和谐校园文化建设的手段，坚定科学的办学思路和正确的办学导向，继承和发扬中华传统文化的精华，不断从我国优秀传统文化中汲取智慧和营养，促进校园文化体系的丰富多彩，搭建大学校园文化建设的创新平台。

一是增强大学文化创新理念的构建。牢固树立校园文化创新思维，营造良好的创新环境，促进创新力的全面提升，努力创造符合新时代精神的校园文化。创新是大学文化建设的迫切需要。大学只有增强创新意识，提炼文化精华，才能更好地推动社会进步，为社会发展提供智力支持。大学是文化创新的有力践行者，大学校园作为继承和发展中华文化的重要渠道，承载着弘扬中华民族精神，培育世界前沿和思维超前的创新人才。

二是大学校园文化建设创新，要增强科研能力体系构建。加快大学校园文化研究及其成果转化的步伐，促进产学研紧密融合，提高服务社会发展的本领。大学要注重在校园中加强创新文化的培育，积极营造鼓励独立思考、勇于创新的良好环境。增强师生的文化自觉和文化自信，促进大学校园文化建设的创新；坚持科研向教学一线倾斜，把创新放在校园文化教育的重要位置，要引导大学生刻苦学习科学文化知识，学习国内外的文明成果；不断提高创新能力；要培养敢于担当、勇于探索的精神，勇担创新文化的重担，实现中华民族的伟大复兴。

三是大学校园师德文化和群众文化活动，需要发挥师生的智慧、共同参与。高校的师德文化品牌，是一所大学最宝贵的财富。创新离不开大学精神的薪火相传，每一名师生都有责任和义务为校园文化品牌建设尽心尽力。大学校园文化建设创新既要根据时代要求又要符合办学实际，要弘扬民族精神和优秀的民族文化传统，借鉴和吸收一切文明成果，促进大学校园文化健康发展。大学文化的个性、特色，起到凝聚力量、鼓舞人心的作用，是大学校园文化建设的精神支撑。一所大学要塑造自身的文化品牌，与外部开展文化交流。大学要以自己的文化为根本，实现多种文化的相互交流、创新发展。

三、加快新旧动能转换，全方位创新大学文化阅览工作

高校图书文化是第二大学，师生在图书馆学习能阅读古典书籍和各类名著，在校园文化创新方面发挥职能作用。图书馆是大学精神的守望者，历史文化在这里沉淀，圣人的灵魂在这里汇集。许多伟大人物都曾在图书馆学习和工作，现代图书馆有纸质版和电子版，为人类阅读增添了飞翔的翅膀，是创新大学校园文化建设的主阵地。

大学图书信息中心是现代大学的三大支柱之一，具有深厚的教育文化氛围与问题导向作用，有利于培育校园文化建设新的创新点。进一步推进校园文化建设创新，以培养具有创新精神的新时代大学生。要加快新旧动能转换，全方位创新阅览文化工作，传统的阅览模式，诸如人工操作、被动服务等旧动能，文化资源利用率低，已不适应现代化阅览需要，影响阅览文化兴趣和效果。要抓住新旧动能转换之机，创新阅览工作模式，充分利用互联网、大数据，实现共享报刊图书及电子资源等新动能转换，为读者赢得全天候的阅览空间，提升校园文化建设水平，建立各层次各专业培训知识要点平台，做好辅助阅览工作，以期达到精准阅览、有效阅览、深度阅览。加快新旧动能转换，以创新为动力，利用新技术，打造新业态，依托互联网和大数据技术，建设无人值守阅览室，共享图书报刊、电子信息资源及办公生活用品等，增强阅览文化环境的吸引力，丰富和创新阅览文化工作新模式。在工作中感到，人才匮乏已成为制约阅览文化工作深度发展的一个短板，全方位创新阅览文化工作，离不开一批爱阅览、懂阅览、会阅览的专业

人才。一是强化顶层设计,明确阅览的任务目标、举措和保障条件;二是强化专业培训,建立阅览专业技术人员的多层次人才培训体系;促进互联网、大数据、人工智能同阅览文化工作的融合,工作力量向阅览工作加强;三是强化保障支撑,建立阅览专业人员奖励机制,借鉴国内外有益做法,激发校园文化建设创新活力,对阅览管理人员放手大胆使用,培养大批高层次复合型校园文化建设人才。

新时代图书馆通过馆内栽培绿色植物和鲜花,给人们创造了文雅、舒适和洁净的阅览空间,读者可以来休闲或者读书。图书馆根据大学的学科特点、教育理念等个性特色,开展共建共享阅览文化,对接读者所需要的文化知识点,成为吸引广大读者学习和文化交流的好地方,有力推动了高校师德文化建设的进步。

图书文化服务改善,增强了高校之间的文化学习互鉴,提高了图书的阅览率和学习效果,对师德文化建设大有益处。加强馆际互借和文献传递,使各类大学电子文献资源共享,为大学教学科研提供一流的信息化支持,构成了校园文化建设创新体系。

创新是引领发展的第一动力,是经济高质量发展的战略支撑,是大学校园文化建设的源泉。要瞄准世界科技前沿,强化基础研究,实现原创成果重大突破。倡导创新文化,培养造就一大批具有国际水平的战略科技人才和高水平创新团队。大学校园文化要博大为怀,让大学文化有广度、有厚度、有温度,健全学生资助制度,使全体学生顺利完成高等教育。新时代大学校园文化建设,必须运用校园文化育人功能,提高大学生服务社会、建设国家的能力。高校师生互学互进形成强大的进步资源,引领经济社会发展;完善现代大学制度建设,通过依法治校,建立科学的决策管理制度体系,从制度上保证大学的创新发展,坚持创新性发展,加快校园文化建设创新步伐,不断铸就中华文化新辉煌。

四、增强创新教育意识和作用

创新教育和创造精神都具有主体性,而创新能力是创新精神形成的理论支柱。在高等教育领域中也存在创新教育,在该领域中开展的创新教育对学生来说,更具主体性。高校教育要根据学生的需要和教学要求进行创新,课程的设计内容主要是立足于创新方面授课。

创新教育是一种前沿性的全新理念，瞄准的是未来教育的发展趋势和社会需要。创新教育具有时代性、实践性、普遍性、灵活性和系统性等特征。要加强大学生创新意识、能力、心理素质、综合知识等方面的培养，瞄准课堂教育内容、教育方式、教学方法、教学环节等进行创新。加强大学生创新意识，激励大学生从事创新活动，进而为创新捕捉商机，启动创新活动的思想准备。企业创新意识是企业创新活动的思想基础，它一般指"开拓意识"，也称为"闯劲"。培养全体学生的创新意识，就是让学员的青年有"闯劲"。

高校学生在解决学习和工作中出现的问题，如果有超前的眼光和独到的视角，就会找到成功的方法。创新型人才应具备的核心素质是创新能力，包括创新能力、学习能力、人际交往能力、经营管理能力和自学员发展能力等多种能力，这些能力与创新有直接或间接的联系。创新知识是指与创新活动有关的专业技术知识、经营管理知识和其他知识的总称。对创新的认识是创新教育发展的需要。创新教育是一个系统工程，以知识整合为主要的学习内容，从而形成完整的培训机制。

创新教育作用。高校在教学中注重创新教育，培养学生的创新意识，为学生提供创新平台，鼓励学生参与小发明小创造，促进大学生全面发展，增强教育改革功能和服务社会功能。创新教育给学生以思想启迪和国际视野，引导师生要有世界眼光和超前思维，不断摸索学生参加社会实践提高干事能力的途径。高校教育始终坚持以人为本，面向全体，弘扬人的主体性和自由性，使学生学会处理与他人、集体和社会的关系，使学生在设计中自由翱翔。大学生在学习过程中要不断地完善技能、提高创造力，为将来的职业劳动奠定良好的基础，通过努力成功创新，升华人格，实现理想，证明自己的价值。创新教育可以开发学生的智力和创新力，拓展学生进行发明创造，造福于人类，实现人生的价值，有利于学生全面发展。

五、优化培训保障

深化传统教育观念的变革，应在学校改革发展规划、教育教学评价指标等方面加强创新教育。改革现行专业教育和课程体系，建立与之相适应的人才培养模式，培养具有创新精神和国际竞争力的创新人才，对于提高人才培养质量，增强大学办学实力和竞争力，保障高校朝着综合性一流大学发展。社会经济发展需要许多创新型人才，高校培训创新人才越多，社会中创新型人才发展得越快，人们的物质文化生活水平也就越高，社会发展得越快，进步得越快，社会也会更加繁荣。创新型企业已成为推动经济增长的重要因素，它有助于我国经济发展方式的转变，有助于解决就业难题，有助于构建和谐社会。充分发挥创新教育的功能，使受教育者在未来成为社会财富的创造者和社会发展的强大推动力。

高校在校园培养创新人才，学生毕业步入社会，到政府或者企业就业，服务的创新对象主要是企业和政府，高校在育人工作中要做好架起沟通的桥梁，为社会输送优秀创新人才，高校的价值作用就显现出来了，市场是推动高校进行教育创新的外在动力。创造良好的创新环境，需要国家、政府在政策、资金等方面给予全面支持和扶持。首先，要建立和完善支持大学生创新的相关法律和政策，鼓励大学生创新；其次，要帮助高校举办各种创新竞赛。各式各样的创新竞赛不仅为学生提供了交流学习的平台，还为一些优秀项目提供了种子资金。目前，除国家主办的竞赛外，以省市、高校等为主体举办的创新竞赛数量不多，因此，国家应通过财政扶持、政策鼓励等措施，动员社会力量举办创新竞赛，促进社会创新环境的改善。

优化创新机制。一个运行高效的创新保障机制，有利于快速协调各种要素和资源，如人、财、物等，组建起创新组织机构，做好创新人员管理和服务，一体推进高校创新教育顺利开展。把大学中创新学院和研究中心进行创新融合，达成效率高运转快的目标，大力建设各类孵化器和科技园、风险投资机构等与社会建立广泛外部联系的机构，形成大学、社会和企业良性互动的创新教育生态系统。

保障专项资金。创新培训需要资金保障，保证专款专用。创新能产生更大的社会价值，要集中力量办好创新教育，坚决克服挪用创新资金的现象。有的大学生因缺乏启动资金而导致创新梦搁浅的现实需要引起广泛关注，要杜绝此类事情发生，对创新培训留存充足的资金保障。其一，建立起多元化的融资渠道。其二，构建创新专项发展基金供给模式。要认真学习和借鉴国外发达国家设立创新专项基金的模式，形成一种以国家、政府为主体，社会、学校为补充，内容丰富，形式多样的创新专项基金的供给模式，并不断加大对大学生创新活动的支持力度。

加强法律保障。创新教育需要全社会的支持，开展学生创新教育活动需要法律进行规范。大学促进创新教育的关键是教育制度的建设和创新，要以制度的形式规范人才培养过程。此外，还应加强高校创新人才培养协同机制，特别是资金支持方面的法律保障。目前，政府加大对大学生创新的财政投入，设立创新专项资金，优化创新教育政策，使政策更符合地方特点，更具可操作性。同时，要制定大学生创新资助专项法律法规，倡导全社会共同关注，凝聚社会力量，形成完善的大学生创新资助体系，为大学生创新资助提供有力的法律支持，保障创新学生的合法权益。高校学生在创新过程中有自己的发明专利，因此知识产权保护对高校学生创新活动的保障至关重要。要加强大学生创新过程中权益保护，优化大学生创新的人文环境和法律保障。

六、强化创新实践，提升创新能力

创新教学是培养学生创新素质和创新能力的重要渠道，系统化理论教学和实践活动是促进创新教育健康发展的关键。教师的培训方法创新能引导学生的思维能力创新，当教师发现学生的创新思想，就要进行肯定，让学生把想法说出来，共同研究和探索，不要害怕失败，每一次对社会和人民有益的创新都是很宝贵的，这比那些对社会和人民漠不关心的要强许多，有小的创新，就会有大的创造。组织学生对创新思路进行研究，共同解决创新中存在的问题，通过课堂上的教学和课后的理解，增强学生的创新意识和知识技能。适时谋划促成学生到科技含量高的企业参观见学，大力推动学生的创新灵感。

将创新教育的理念、内容渗透到公共课程、学科课程和专业课程教学中。创新实践平台的建设是检验大学生创新能力的途径，是高校创新教育机制中非常重要的方面，可通过实践平台的建设，让大学生亲身经历、参与创新实践，或通过一些创新课程的学习，让学生尝试建立一种新的创新教育模式，并进行创新性教育管理，注重体验创新教学实践。

高校、企业作为创新主体，作为创新人才培养的主体，校企合作构建了校企业共同培养创新人才的机制，强化了高校与企业共同培养创新人才的作用。校企合作培养人才的过程中，企业在新产品开发、员工培训等方面能得到高校的培训支持，可以减少人员数量、降低成本；其次，完善了企业实习机制。高校要积极探索多层次、多渠道的人才培养模式，激发创新驱动潜能。高校重视学生的创新意识教育，提高他们的创新能力。要正确认识自我，就必须正确把握个性的优缺点；要正确认识自己的专业技能的优缺点；要正确评价自己对外部环境变化的敏感性；要正确定位自己对市场环境的适应能力；要正确分析自己的规避风险能力。

第三节　沂蒙精神推动教育和文化创新

我国自古以来十分重视教育，《孟子·尽心上》出现"教育"一词，春秋时期的圣人把教育比喻为很快乐的事。从教育来说，精神激励能提升战斗力、个人能力、工作能力。中国共产党历来重视干部的培训工作，延安时期就成立了抗日军政大学，还有早期的中共中央党校，这些都为我党培训了大批干部，为抗日战争和解放战争培养了一批高级将领。干部培训视为党的干部政策的重要组成部分，是党的干部工作中的一项经常性的政治任务。[①] "干部培训工作是指按照党和国家事业发展的需要对干部进行集中轮训。"[②]。

干部培训工作，严格按照贯彻执行党的路线、方针、政策的要求，并将其作为党的干部政策的重要组成部分，干部教育培训工作已成为中国共产党干部政策的一大特色，也是中国共产党区别于其他政党的一个显著标志。在校园文化创新中，要将红色文化元素融合进来，充分发挥中华优秀传统文化在校园中的育人作用，通过开展道德大讲堂、党员论坛、校园广播、社会实践等形式，让沂蒙精神深入到学生的日常生活中，在校园一角建设沂蒙精神人文景观，使沂蒙精神在校园广为传播。

[①] 廖盖隆、孙连成、陈有进等主编.马克思主义百科要览·下卷[M],人民日报出版社1993年版，第2546-2547页。
[②] 对于党的"干部教育培训"的概念，从党的干部教育培训发展史来看，"干部教育"一词使用较早、延续时间较长，而"干部教育培训"这一概念则是在《1996-2000年全国干部教育培训规划》后才开始为官方和学界广泛使用。参见，李策：《中国干部教育培训面临的市场化挑战及应对》，《陕西行政学院学报》2014年5月（第28卷第2期），第126页。

第四章　沂蒙精神促进校园文化建设创新

一、始终把坚定理想信念摆在首要位置

党员干部只有坚定理想信念,才能经得住各种考验,走得稳。有了坚定的理想信念,才能自觉做到在思想上行动上同党中央保持高度一致,才能在任何时候政治可靠、对党忠诚,只有这样,党员干部才能矢志不渝地保持政治定力,努力做到"信念过硬"和砥砺前行。

(一)业精于勤,下大功夫提高能力

干部培训班课程设置要特色鲜明、科学规范,富有创新,既体现通识教育的理念,又注重培养学员综合能力。既有经典著作研读,也有分组研讨;既有课前的"第一议程、第一课程",还有规范的学员上讲台;既有课堂教学,还有备受学员青睐的异地现场教学,还有多姿多彩的体育课,满足学员学习的各类需求。既有理论前沿专题,又有传统文化专题,既有教学教法,又有学术研究专题。突出党校教师马克思主义经典著作和基本理论,突出四史教育特别是党史教育,突出中国优秀传统文化教育,实现理论与实践、知识与能力的贯通。既提升自己的理论水平,又提升自己的教学水平。

1. 认真学习师资班全部课程,提升了个人的综合素质能力

此次师资班安排的课程全面、系统,课程结构设置合理,培训时间安排适当。首先,通过师资班的培训,对党校授课专题的重点选题、课程结构设置、备课步骤等都有了较为全面的了解和学习。对课程的选题、授课专题的重点方向有了一定的了解,与此同时,师资班的课程中也有专门教授如何备课和如何打造精品课的课程,这些课程对于新教师来讲是十分有价值的。其次,通过师资班的学习系统不仅补充个人的知识短板,而且还提升个人的专业知识水平。师资班除了教学板块的课程外,还适当的设置了经典著作研读这一集体读书学习的课程,通过静心研读和读书交流等方式补充个人的知识短板。小组磨课对主讲教师课程的选题提供非常有价值的建议,相互传授很多备课经验,逐渐地让学员熟悉整个备课流程。

2. 积极参加实践锻炼,提升了个人的专业能力水平

实践是提升个人能力的关键途径。尤其是对于师资班的学员来讲,理论学习

扎实基础，不断地进行实践锻炼方能迅速提升个人的专业能力水平。在培训期间，学员以讲微党课为突破口，让学员自己逐步走上讲台，这是教师职业生涯上的第一堂课，这堂课的备课及最后的讲授，让学员积累许多备课、授课经验，积一步为一大步，最终走向成功。

3. 加强学术研究，提升了个人的科研水平

专业性的学术研究是不断提升授课水平的基础和前提。通过培训，系统学习好所有课程、积极参加授课实践锻炼的同时，也需要不间断地进行自己本专业的学术研究。养成每天阅读专业文献、定期追踪学术热点前沿的习惯，早起阅读文献，保证每天 1-2 篇专业文献的阅读量，晚上在办公室进行论文写作，从而提高学员的学术专业水平。

（二）解放思想，不断探索创新

紧跟国情、省情和校情，以问题为导向，深耕思想政治理论课教学内容，依据学员需要，对培训课程征求多方意见，由教研部室列出权威的专业讲师名单和课题，邀请专家对这些专题进行竞课；凡是准备上课的教师皆通过竞争而获得上课权，这对于培训学员不仅是个导向，还是把培训当做提升自己的重要途径，加强课堂交流和思想碰撞，每个人都把这个培训当作一个创新的起步区，使教师和学员不断探索社会科学知识并有所创新。

通过持续广泛阅读，充实、更新自己的专业知识，提升学术素养；更新教学理念和授课方法，注意多钻研、勤思考，将自己的教学实践与理论结合起来，多听听其他任课教师的意见，听取学员对课堂上的一些感想，在总结和反思中来形成自己的教学风格。

党校的教学科研工作要始终坚持"党校姓党"的根本原则。要注重教学内容以及调查研究的原理性、知识性、实践性的统一，将"党校姓党"这一原则始终贯穿于党校的课堂中。其次，党校的教学和科研工作要坚持"用学术讲政治"。要求党校教师在所从事的教学和科研工作中理直气壮地讲政治，从政治层面去研究、宣讲党和国家经济社会发展中面临的一系列重大的理论和现实问题。注重现实问题研究和课堂授课的学理性，坚持以科研为基础，注重教学科研一体化。在

课堂上，不能只讲史料而不讲原理，要秉持科学的研究态度和严谨的研究方法，找到学术研究和现实问题的对接，增强教学和研究的逻辑自洽性。再次，党校的教学科研工作要始终坚持"问题意识"。充分利用党校教师与社会实践紧密联系的客观优势，深入到社会主义建设实践中，充分结合理论工作者的敏锐性和客观理性，真正找寻到老百姓亟须解决的真问题，当好党委政府的"思想库"，做好党委政府的参谋和助手。

二、进一步强化政治理论的学习和修养

政治上的坚定、党性上的坚定首先来源于理论上的清醒。青年教师，必须做好理论上的修基打底，只有在政治理论上真学，才能真懂，真想通弄透、理解，从而才会认同，才会真信，才有定力修正自己的行为。

增强主业意识。增强事业心和责任感，主动备课、扎实授课，勇于开拓创新，积极进取，多在教学科研上做文章。培训课的专题内容与学员的需要相衔接，包括"教学技能提升""科研咨政能力提升""党性教育与党性锻炼"等多个专题，对学员们的教学、科研、咨政以及生活都有很好的指导和帮助。而且，课程形式灵活多样，既有课堂理论学习，也有现场参观教学；既有教师讲授，也有角色扮演、小组讨论。丰富的内容、灵活的形式，不仅开拓学员们对党校课堂的认识，同时还填补学员们的知识空白。

对学员加强学习新时代马克思主义创新思想理论成果，每个学员认真研究其精神实质和丰富内涵。而在学习之前，学员对思想的认识是非常浅薄、非常片面的，总觉得这些思想理论都是高大上的，感觉不到它和学员们实际生活的紧密联系。在学习期间，学员们观摩了一些精品示范课，课堂上的精彩至今仍给学员们留下深刻印象。反思这些老师的课堂，他们旁征博引、深入浅出，这无不与他们课下阅读大量经典著作，不断学习和思考有关系。为了认真完成磨课任务，学员针对学员特点，结合自己心理学专业背景，选择了领导干部心理健康调适这样一个主题。为了增强讲课的针对性，学员上网查阅了大量资料，还专门购置了相关书籍进行阅读。在备课过程中，学员经历了从一开始搜集到相关资料而开心愉悦，

到后来不知如何整合资料而迷茫困惑，再到结构框架整理出来后不知选择哪种导入方式更好而踌躇不定，最后到顺利呈现被导师和学员认可而感到幸福和满足。可以说，备课的过程非常辛苦也非常痛苦。但是，现在想来，这一切就好像是黎明前的黑暗，也似凤凰涅槃前的浴火重生。另外，在搜集资料的过程中，学员也了解到领导干部心理健康培训这门课的重要价值。这不仅帮助学员找到自己的研究方向，而且可以提升自己在党校工作的信心。学员也会带着这份信心，继续做好党校的各项工作。

（一）名师启迪增长见识

此次学习安排的师资队伍雄厚、力量强大，都是有很深造诣的专家学者；课程设置新颖全面，针对性、实用性、可操作性很强。党校教授讲解的中共党史，内容深入浅出，史料翔实而生动

（二）接受党性洗礼教育

在焦裕禄纪念馆、山东原山艰苦创业教育基地、"四五"党性教育基地、齐河党员教育体验基地等地的现场教学，革命先辈以身许国的壮烈情怀、党员楷模的英雄事迹，令人深受震撼。

（三）创新教科研理念

在聆听学界大咖们的研究成果和理论阐述后，学员在崇敬之余还感受到自身哲学社会科学素养方面的欠缺还有很多，其中包括理论基础不扎实、学术视野不开阔、科研探索不深入、教研参与不够充分、研究成果不多，等等，这些问题不仅制约学员在哲学社会科学领域的探索，同时还也影响学员在学校中开展日常思政教育教学工作。通过研修学习，学员深受启发，对于以往开展的一些研究方面也产生出新的思路。

（四）坚持学以致用

学习的最终目的就是应用，从而可以更好地指导实践。从历史和现实、理论和实践相结合的角度，深入阐释和解答如何更好坚持中国道路、弘扬中国精神、

凝聚中国力量。

在学学相长的工作思路和方法中得到启发。分组讨论是学学相长的好方法和重要平台，按照教学安排，进行分组谈论，自身也分享一些心得体会，但更重要的是听学员们讲自己工作道路上、成长过程中对自己深刻烙印的事件和感悟，讲从工作中得到的经验和教训，相互启发碰撞，互相切磋提醒，把个人的经验、教训、感悟转化为大家共同拥有的认识和借鉴，达到"他山之石可以攻玉"之目的，启发自身的工作思路。

三、增强攻坚克难的勇气和责任

伟大时代需要杰出的青年人才和先锋。当前，我省处于实施八大发展战略、九项改革攻坚行动、培育壮大十强产业，打赢三大攻坚战的时刻，这些都需要毫不动摇勇于攻坚克难，尽职尽责敢于担当作为。强化师德文化建设，党员要不断夯实宗旨意识，把人民放在心中最高位置，牢记"为了谁、依靠谁、学员是谁"这一原则问题，想群众之所想、办群众之所盼、解群众之所忧。坚持更高的思想起点，奋斗进取，心无旁骛努力工作，为党和人民做事。自觉为党分忧、为党担责，勇于同一切损害党和人民利益、危害党的肌体健康、破坏党内政治生态的行为做斗争，关键时刻要有舍我其谁的勇气，毫不含糊，挺身而出，以行动担当诠释对党和人民的忠诚。

四、提高拒腐防变的思想和觉悟

在教学管理工作中，要认真落实高校教学管理制度和学生管理规定，加强自身的师德文化修养，严格要求自己的一言一行，守住纪律红线和法律的底线。提高教师的师德文化水平，必须把严以修身、锤炼党性作为终身的必修课，坚决反对"四风"，严守纪律红线。坚持对党忠诚，坚定理想信念，强化责任担当，做优秀的高校教育工作者。担当和斗争是一种精神，是一种责任，更是一种格局。青年学生是祖国的中坚力量，也是民族之希望，平时要敢于斗争，与不良风气划清界限，关键时刻能站出来，用科学的理论和古老的中华文化武装自己，这也是学员做好一切工作的本领。

五、强化青年干部的党性修养

年轻干部，必须要牢记党的谆谆嘱托，锻炼提升党性修养和个人能力，抓住当下青年大有可为、也应当大有作为的时代机遇，在新时代、新平台，展现自己的新形象、新作为。

青年干部要有一份情怀，一种崇高的理想追求。系统学习研读《习近平的知青岁月》《习近平在正定》《习近平在厦门》《习近平在宁德》《习近平在福州》《习近平在浙江》《习近平在上海》等书籍，深刻感受理想信念在总书记成长过程中发挥的定盘星作用。回想自己工作的这些年，走过的每一步都让人体会到理想情怀对年轻人的重要性。当学员面对困难想要退缩的时候，面对挫折想要放弃的时候，当学员的激情随着时间的推移逐渐消散的时候，学员们要想一想自己的初心，想一想当时为什么要选择这样一份职业，决不能因为现实的复杂而放弃自己的理想，不能因为梦想的遥远而放弃自己的追求。学员要相信只有把这种情怀、这种理想带到工作中，就一定能把本职工作做好。

青年干部要有一份朝气，一种向上的青春力量。无数的事实也告诉学员，只有进行激情奋斗的青春，在青春的好时光认真把握学习和成长，不愧对自己不愧对好时光并克服浮躁情绪，这样离成功就越来越近到无可阻挡。年轻干部要记住"朝气蓬勃，实事求是"这8个大字，与此同时年轻干部绝不能一脸暮气、一身官气、一股子圆滑世故的江湖气，而是要满腔热情、敢想敢干，一心向党、表里如一，让人迎面就能感受到一种朝气、一份纯粹。作为年轻干部，学员更应该把这种激情、这种朝气带到工作中来，通过政治理论和在职教育学习，提高自己的政治能力和职业能力，将年轻干部这种昂扬向上的精神风貌展现出来。

青年干部要有一份锐气，一种敢于尝试的勇气。"年轻干部就要有年轻干部的样子"。作为年轻干部，必须要在敢于创新上发挥表率作用，不能因为怕担责任怕出错而畏手畏脚、裹足不前，说到这里，学员想起了青年时期的习近平同志，1969年，不满16岁的习近平到陕北高原插队当知青，为改变梁家河村的落后面貌,习近平同志带领乡亲们建成了陕北第一口沼气池,这何尝不是一种敢于尝试这种勇气的体现。现在各级党委选派"加强农村基层党组织建设"工作队员,年轻干部在开展帮扶工作期间,要尽己所能为群众多做一些实事一些好事,以此赢得群众的信任和认可。

年轻干部要有一份责任,一种终身学习的态度。年轻干部从"村官"到乡镇、从乡镇到县直机关、从县直机关再到省直机关,一路走来,离不开"学习"二字。越是到了省直机关工作之后,学员会发现需要学习的东西实在太多了,必须要充分发挥自身的主观能动性,拿出"挤劲""钻劲""韧劲",减少一些无谓的应酬,静下心来以空杯朝上的态度广泛学习各种知识。年轻干部还要有知识不足、本领不足、能力不足的紧迫感,坚持学习在先、调查在先、研究在先、实践在先,既要向书本学又要向实践学,既要向领导和同事学,又要向基层和群众学,不断增加学习研究的深度和广度,努力掌握新知识,熟悉新领域,开辟新视野,积累新经验。实现中华民族伟大复兴,需要学员青年一代如饥似渴、持之以恒地学习,不断提高与时代发展和事业要求相适应的素质和能力。

要有一份敬畏,一种正确的成长观念。作风关乎命运,作风决定成败,年轻干部"要立志做大事,而不是立志做大官",要始终保持正确的成长观念。要突出一个"正"字,时刻牢记走正路、交正友、思想正、言行正,只有这样,才能为青年所认可、为群众所认可,才能引领青春的风尚。要牢记一个"省"字,以铜为镜可以正衣冠,以史为镜可以知兴替,以人为镜可以明得失,所以学员必须做到时常自省,对照党章、对照《纪律处分条例》常反省、常自查、常纠偏,以"吾日三省吾身"的态度做干干净净的年轻干部。要做到一个"静"字,除了正气、锐气、勇气、才气之外,年轻干部更需要静气,有了静气,才能学得透彻、做得扎实,要把思想作风建设的成效体现在立言立行、发挥先锋模范作用上,用自己的一言一行、一举一动,为年轻干部树立良好形象。

新思想引领新时代,新征程放飞新梦想!需要每个人在自己的岗位上实干担当。年轻干部要不忘初心,不忘使命,更要敢于有梦、勇于追梦、勤于圆梦,用一生来践行跟党走的理想追求。

第四章 沂蒙精神促进校园文化建设创新

六、培训理念创新，增强培训针对性

（一）建立培训生成机制

以实现干部教育培训工作的全面发展为创新发展的最终目标，培养和造就有中国特色的社会主义建设者和接班人。以干部推动科学发展建设为重点，按照干部自主选学的要求，组织开展培训。满足需求是所有生产服务工作的逻辑起点，因此，需要在需求调查的基础上建立培训计划的生成机制。成立专职培训需求调查分析团队；做好前期培训启动工作，培训需要调查分析组的人员组成，由专门兼职人员组成，专门兼职人员包括培训管理部门、培训机构的业务人员和职业培训人员，同时还包括培训管理部门和培训机构的管理人员，有关单位的领导、专家和研究人员，从德才兼备的角度确定条件，提出要求。建立高效运行有效的培训团队机制，选用有效的调查分析方法。开展培训需求调查分析，分清培训的主要和次要环节。广大党员干部要坚定理想信念，做到讲党性、重品行、做表率。在党员干部中深入开展党风警示和岗位廉政教育，大力开展形式多样的廉政文化活动，进一步增强拒腐防变意识和能力。将反腐败教育纳入干部教育培训计划，加大教育培训内容的比重。

（二）建立竞争择优机制

学员需要对干部教育培训工作十分重视，强调各级党校、省（市）行政学院和各省干部学院把干部培训工作抓好抓出成效。在干部教育培训机构、高校和其他社会培训机构之间建立竞争择优机制，引导培训机构追求干部培训高质量发展。鼓励社会资源参与干部教育培训，强化对干部教育培训市场的运行和准入。按照职责权限，制定承担干部教育培训的机构名单，进一步培育和规范培训市场，通过制度约束和政策调控，使之达到资源共享，促进各类培训机构公平竞争；根据干部教育工作的法律、法规和政策规定，在生源、经费来源、质量评定和结业证书的效力等方面，对干部培训机构一视同仁，通过竞争机制选择市场需要的办学或者培训机构。

(三)建立干部参训机制

培训部门负责人要下沉到培训一线,及时了解学员参加培训的情况,严格遵守学习纪律,发扬良好的学风,确保学员有所收获。信贷体系、培训文件系统奖励和惩罚系统应该进行跟踪管理系统的干部,自主学习的成就应该建立在自主学习的过程中选择,从而了解学员的学习和培训情况和实际结果。教学方式、内容的创新是教学改革的一个重要组成部分,加强教学方式、内容的创新,对教学管理等方面进行改革。做好调查研究,根据培训需要,制定各类人员的调研理论学习措施,并采取开放办学和现场教学的形式,把调研做好做扎实,满足实际工作的需求。培养机构应根据培养对象的差异,制定科学的培养方案,实行因材施教,增强培养的针对性。拓宽培训路径,取得扎实的培训效果。

第四节 党性教育培训创新

加强党性教育是学员加强自身建设的宝贵经验和优良传统。近百年的建党历史表明,无论是革命、建设还是改革开放,学员之所以能够团结带领群众战胜各种困难、危险和风险,一个重要原因就是广大党员,特别是党员领导干部,具有高度的党性修养和坚定的理想信念。新时代需要越来越多德才兼备的执政骨干,这对党员干部队伍的能力和素质提出更高要求。为提升党校培训的针对性和实效性,全面提升党员干部的综合能力,党校培训工作必须创新。党校是党教育培训执政骨干的大熔炉,要从振兴中华的高度,充分认识加强和改进新时代党校工作的重大意义,科学制定教学计划,创新教学和培训方法,大力推进互动式教学,使教员和学员不断变换角色。为加强党校培训模式的创新,提高党校培训质量,通过互联网大数据平台,合理开发利用多元化的培训方案,按需设置培训内容,不断提高党校培训的精准性。要抓好党的理论教育和党性教育,为实现中华民族伟大复兴贡献智慧和力量。

党校是党教育培训党员干部的主渠道,基层党校是党校干部培训体系的基础工程,基层党校直接面向基层、服务基层,必须高度重视基层党校师资队伍建设质量。各级党校培训是加强干部队伍理论修养和党性教育的平台,为提高基层政权执政能力奠定扎实理论基础；新时代抓好党校教师队伍建设，强化基层党校教师培训创新，对做好新时代党校工作具有现实价值和重要意义，为党的长期执政奠定扎实基础。

一、新时代基层党校培训面临的挑战

党校是党教育培训执政骨干的大熔炉，基层党校是党校系统一支重要力量，是培训基层党员干部的主力队伍和重要平台，由于培训模式和机制等方面缺乏创新，新时代基层党校教育培训面临诸多问题和挑战。

（一）党校培训形势和任务面临挑战

从国内外形势来看，实现伟大梦想，需要成千上万的青年骨干和服务社会的强劲力量做保障，基层党校培训任务艰巨而繁重。要坚持党校姓党和向党看齐意识，党校教师要时刻牢记讲台有纪律，充分估计党校言论的杀伤力，党校培训必须遵守党校课堂的严肃纪律性，基层党校要牢固树立政治意识和阵地意识。

从培训任务和对象这个方面看，党校学员培训要求高，学员一般都受过高等教育，相当一部分是研究生，甚至是博士，专家型、领导型学员占比相当大；同时，学员大多是单位的骨干，有丰富的社会经验。在培训课程的安排上，学员的需求不同，对党校教学具有一些挑战，由于是同行，授课教师的新观点不多，所以与预期的学习效果存在一定差距，从而导致学员对党校的教学培训产生一定的抵触情绪。

（二）党校培训师资方面的挑战

目前，党校培训师资队伍存在"三个不足"。一没有经过实践锻炼，学识水平不高，师资力量薄弱，存在"先天不足"现象，缺乏党校教师应有的视野和知识广度。党校青年教师不适应党校培训的需要，有的教师没有担任过领导职务，却给学员讲授领导科学和领导艺术。有的党校教师几乎没有参与过决策，但要求解析党的路线、方针、政策的重大决定，可能造成理解上的歧义，难以达成培训目标。

二是缺乏"名师名家"。党校教师队伍中复合型人才屈指可数，党的建设和党史方面的研究型拔尖人才更少，对党的创新理论和世界性政治难题没有独到见解，对党的建设和党的历史解读不够，缺乏党史党建专家。三是缺乏竞争活力。有的党校依靠传统管理模式，加之职称晋升名额受限，教师评价不够科学合理，存在人情票现象，挫伤广大职工积极性，奖优罚劣制度难于实现，缺乏师资准入和退出机制。

（三）党校培训管理工作面临的挑战

一是学员管理失之于宽。培训结果与干部的选拔使用没有结合起来，缺乏具体的奖惩措施。参训学员请假太多，达不到完全脱产学习的要求，培训质量得不到保证，培训纪律执行不严，在有些班次上，少数参训学员迟到早退。老师们在管理过程中碍于情面，不想管，甚至不敢管，致使培训制度得不到严格执行。二是培训形式单一，缺乏创新驱动。创新是新时代党校教育培训的重要法宝，教学方法、教学手段、培训方式单一，传统的大课堂教学方式，缺乏互动式，实践性教学，培训一般采用集中上课灌输式为主，同时实践式教学占比较少，互动交流不足，培训内容针对性实效性不强，学用结合不够，难以产生有效的培训效果。在大数据时代，很多党校未能开发应用大数据平台，没有做好大数据信息的采集、整理、利用与储存，党校培训创新不够。

二、基层党校培训存在问题

（一）县区级党校师资力量薄弱

教师队伍建设是县区级党校建设的重点，目前基层党校普遍存在师资力量薄弱的现状，首先基层党校难以留住青年教师，基层党校规模小，师资总量不足，在单位中占比轻。其次教师队伍的专业结构不合理，有高职称、高学历的教师及年轻教师较少。再次，教师参加培训及深造的机会少。

（二）管理理念落后

当前许多县区级党校的管理理念较为落后，管理制度流于形式，缺少奖优罚劣的激励机制，县区级党校培训的自主权相对缺乏，存在培训覆盖面太窄、培训管理不严等一些不容忽视的问题。

（三）教师的教学科研能力不足，党校培训的针对性不强

首先是教师的知识储备太少；其次教师缺乏实践锻炼，深入实际调研考察不够，教学脱离当地实际。再次基层党校缺乏成功的案例教学，培训没有系统性和针对性。另外教师的视野不够开阔，限制了他们的理论高度，有的教师对专业知识的研究深度和广度不够。基层党校教师的科研能力不足，一是科研条件落后，二是教师科研的信心和能力不足，三是教师在科研上投入时间和精力较少，基层党校对科研的重视程度不够。党校培训应因人而异，强化实践能力的培养；新时代党校培训要从实际出发，着眼于现实所需，加强业务知识培训，突出培训内容的针对性，提高基层干部的工作能力。

三、基层党校培训创新措施

基层干部是巩固国家基层政权的重要基石，县级党校是我们党培养基层党员干部党性教育的主渠道和主阵地；对提高基层党员干部的政治思想觉悟，确保基层党员干部队伍提高政治站位发挥极其重要作用。党校培训是干部队伍建设的系统性工程，新时代县区级党校培训已不适应形势发展需要，要根据基层干部需求，加强培训调研，创新培训思路，打造培训亮点，加强县区级党校培训创新。打造"沂蒙精神"主题之班次，以研讨启发式情景式教学为主，使学员能够充分领悟沂蒙精神的基本内涵，确保党性教育现场教学成果。创新是激发党校培训活力的必由之路，党校培训要适应党员干部的新期望和新要求，不断探索党校教学改革，创新教学方式方法。

（一）强化师资队伍建设

党校是培训党员领导干部和政治理论骨干的主阵地，党校教员政治过硬是党校教学培训质量的保障。首先要不断提高党校教员的专业综合能力，还要提高党校教员的党的创新理论功底，党校教师要加强学习新时代中国特色社会主义思想，时时跟踪党的最新理论成果和国际理论前沿。我们的学校要真正重视提高教师的政治地位和待遇，聘请有影响力的专家学者作为兼职教师，壮大党校师资队伍；打造良好平台，建立科学的激励机制，吸引高水平人才到党校从教，着力塑造优

秀的师资团队。其次加强人员交流，加强教师社会实践活动。选派教师到名校参观见学，并进行人员交流活动，提高党校教师授课能力。再次要加强师资培训，加强岗位练兵，提升党校教师教学技能和课堂驾驭能力，给县区级党校教师提供进修和培训的机会，更新知识结构，通过名校及省级党校对基层党校教师进行教学能力培训，并且利用在职学习、网络培训等各种手段加强师资培训，提升县区级党校办班水平。

（二）创新培训模式，增强培训实效性

培训以学员为本，突出学员主体地位，学员需要掌握哪方面的知识就要培训哪方面的知识，学员哪方面的能力有欠缺就在哪方面进行培训提升，注重在培训中随时解决学员的需求，为学员量身打造好培训课程。通过案例教学和情境体验解决实际问题。为提高干部适应新时代发展要求的本领，加强专业知识、专业能力培训，规范工作流程，提高培训质量。加强国际培训交流，学习现代培训思想，借鉴先进的培训经验，开设"名师课堂"。信息时代采用网络教学及远程培训等技术，推动学员自觉向网上名师求教取经，养成经常切磋学习的好习惯，提高学习的自主性、多样性，确保教学培训取得实效。

（三）加强精准培训

加强实地调研，完善制度，促进培训正规化；开展培训需求调查，创新教学形式和内容，提高培训水平，科学设计教学内容，坚持因需施教、因材施教，利用大数据信息采集技术，建立党校培训档案，坚持问题导向，通过课题调研、"三带来"表格、学员座谈会等多种方式，对学员培训目标、知识结构、技能状况等方面进行个性化分析，结合学员需求深入分析研判，实现精准培训。党校培训要坚持学用结合，尊重教师个性化的需要，实现全员培训质量的提高。关注学员的学习需求，开展"送教下乡"活动，探索建立"流动党校"新机制；党校要成为基层干部成长的摇篮。要紧扣时代主题，坚持党校姓党，明确党校培训目的，抓好学员党的理论教育、党性教育和教学模块；依靠现场教学，提高党性教育效果。

（四）提高党校科研能力，建立网络培训平台

以科研促教学，以教学带动科研；把科研与教学结合一起，既是当前党校培训的需要，也是提高基层党校教学质量的保障。党校把教学与科研相结合，课堂教学才有吸引力、感染力。利用互联网技术，建立网络学习平台资源，教师相互学习交流，借鉴经验，对教学手段、模式与方法进行创新。利用大数据，对各级党校的教育资源优化组合，建立多功能党校系统培训平台，对党校培训机制进行创新，实现优质资源共享，提高学习效率。

党校是党政干部培训的主阵地，检验党校工作的重要标准就是学员学有所成、学有所用；要创新党校培训方法，努力发挥主渠道、主力军作用。党校发展壮大离不开一支优秀的教师人才队伍，我们一定要重视每个教师的学术创新和授课能力培养，要科学谋划、因材施教、创新制度、精准培训，努力建设一支政治觉悟高、业务能力强的基层党校师资队伍。

四、党性教育的理念和要求

优良的校风学风是党校事业健康发展的根本保证。严格落实党风廉政建设责任制，要严格教学、科研和管理纪律。提倡理论与实践相结合的马克思主义学风，提倡求真务实的学风。党校培训对象党员领导干部，这就要求要把入口关、政治关。

党校教学工作主要体现在以下几个方面：

党校事业发展的关键在于人才队伍建设，高校师资要选择优良的教学与科研队伍，党校的教育培训还要求党员严格遵守纪律和规矩，为人师表，恪尽职守，融会贯通，知行合一。其一，教学是党校的中心工作。课程设置其二，党校教育要不断提高自己的学术水平、专业水平，增强针对性、实效性。

党校基层党组织和不设基层党组织的支部委员会书记一般由本单位党员负责人兼任，也可以由同级党的基层组织成员担任。党的基层委员会书记一般由主要负责人担任。党的基层组织中党员人数多、组织结构复杂的机关，应当设置专职副书记从而把党的建设责任落到实处。

第五章 沂蒙精神引领基层治理

中华优秀传统文化是华夏民族的血脉，是全中国人民的精神家园。弘扬沂蒙精神，弘扬时代新风，建设中华优秀传统文化传承体系，对基层党的建设非常重要。大力推动沂蒙精神进社区，营造良好社会风尚、维护社会和谐安定，有利于推动基层社会治理。基层社会治理是维护公共安全和社会稳定，构建和谐社会的重要基础。公共安全包括基层治理和突发事件应急管理等，是整个社会安定和谐的重要保障。公共安全与人们生命健康息息相关，很多威胁公共安全的事件频频发生，让人们不得不警惕，不得不提高自身的公共安全意识。本章将从基层治理问题与特点、群众参与基层管理、沂蒙精神引领基层治理三方面论述这一主题。

第一节 基层治理问题与特点

基层治理是国家治理中的基础，建立基层群众参与社区治理机制是推进基层社会治理良性发展的关键；实现基层治理现代化必须加强和创新基层治理，构建群众参与基层治理新格局。目前群众参与基层治理的要求越来越高，群众参与基层治理的责任感越来越强；但也存在一些薄弱环节，群众参与基层社会治理的现状令人担忧；群众参与基层社会治理的意识和能力有待提高，群众参与基层治理缺乏制度支撑，建立群众参与基层治理的制度刻不容缓。因此，应借助现代信息等手段，完善和创新群众参与社区治理流程，提升公民主体意识以及参与基层社会治理的能力，从而奠定扎实的群众参与社会治理的根基。

一、基层是社会治理的重要基石

基层社会治理建设是一个系统工程，治国安邦重在基层。孔子提出："民惟邦本"，国家应当将百姓看作立国安邦之根本，不断拓宽人民参与社会治理的途径，尊重人民的愿望，通过创新社会治理，从而更好地达到人民群众的生活要求和安全幸福。基层政府和职能部门要积极调动社区群众当好社区管理助理，一切从实际出发，建设具有中国特色的城乡基层治理体系，构建群众参与基层治理新格局。群众参与是体现民主、化解矛盾和实现社会和谐的重要一环，是推进基层治理体系现代化的迫切需要。因此，基层治理必须因地制宜。

基层治理还存在不少难题。目前基层治理存在一些不足问题，必须加快解决。基层调查发现，群众参与是基层社区治理的薄弱环节。随着公民政治意识增强，公民参与基层治理的一些障碍依然存在，有的缺乏群众参与基层社会治理的制度；有的对基层社会治理主体重视不够；有的忽视群众参与基层社会治理的作用；这不仅危及社会安定也影响社会治理效果，因此，要创新群众参与基层治理机制。

群众参与基层治理的渠道不畅。中国法律、法规明确了群众参与社会治理的主体资格，但中国公民参与社会治理存在无章可循等问题，由于缺乏具体的制度设计，忽视了群众参与社会治理的作用；影响了群众参与基层治理的积极性。此外，人代会、信访、听证会等是公民参与社会治理的主要渠道，限制了群众参与社会治理。法治社会，只有依法保证公民参与基层治理，使基层群众当家作主，才能产生基层治理让群众满意的实际效果。制度供给不足，难以激发群众参与社会治理的热情，不利于规范和保障公民的参与行为。要加强群众参与基层治理的制度建设，聚焦基层治理弱项，畅通群众参与基层治理的制度渠道。

公民的政治意识和参政能力有待提高。有的群众文化水平不高，加之受学员中不良文化的影响，不敢表达自己的真实诉求，对国家大事漠不关心。有的群众缺乏政治锻炼，不善于学习国家的政策法规，导致参政能力不高。个别基层组织忽视群众参与社区的要求。基层社会矛盾错综复杂，能干会干的基层干部不足；社区基础设施落后，村级办公经费少，基层干部待遇低，留不住人才，成为制约基层社会治理能力的客观因素。

第五章　沂蒙精神引领基层治理

二、构建群众参与基层治理的机制

当前，社会基层治理中确实存在群众利益诉求得不到有效解决，社会矛盾和冲突不断积累等问题，基层治理效能低下。基层治理中存在着"人难管"、"事难做"、矛盾激化等问题；群众纠纷、退伍军人待遇、低保及贫困户生活等问题引发的群众上访成为基层治理的难点和痛点。主要表现在基层治理制度不够完善，人们普遍相信上访，社区治理还有堵点盲点，缺乏群众参与基层治理的长效机制，因此，建立群众参与基层治理的制度刻不容缓。

（一）补齐群众参与基层治理的短板

克服群众参与基层治理形式化现象。有的基层对群众参与社会治理形式化，没有发动群众参与社区治理。当前，群众参与基层社会治理的热情和意愿日益增强，保护和激发群众参与基层治理的积极性是关键，要大力提倡群众参与社区治理，放手发动群众解决上访问题和邻里矛盾，找出社区治理的最佳方案。

解决群众参与基层治理事务不足问题。群众忙于生计，农村大部分年轻人都外出务工，无暇参与社会治理，对村上的工作关心不够，导致农村基层治理中群众参与不足。再者缺乏群众参与基层治理的氛围。受传统思想影响，多数群众"不想出头"，不愿"多管闲事"。有的群众认为基层社会治理与己无关，对社区事情漠不关心，也不想参与。

有的基层治理存在人员少、能力弱、缺资金等短板；群众不愿参与治理，社会治理和居民自治缺乏政府支持，社区治理主要目的是促进社会公平，所以要突出以人为本，实现人的全面发展，把群众是否满意作为社会治理的出发点，要调动和引导群众参与基层治理，坚持基层治理一切为了群众依靠群众的问题导向，充分相信群众参与社区管理，完善群众参与的激励机制和治理渠道。

（二）群众参与是基层治理现代化的基础

新时代社会治理面临前所未有的挑战，基层组织作为国家政权的基石，群众参与基层治理是重要保障，由此我们要加强群众参与基层社会治理制度。

群众作为社会主体参与基层治理，不仅能锻炼自身政治素质，实现参政议政的政治愿望，同时也能推动社会进步发展，给基层治理带来新的活力。群众参与基层治理能够更好地解决基层问题，当前基层治理主要表现在两个方面，一是政府视群众为顾客，主动回应人们的需求；二是政府将群众作为平等共事伙伴，双方进行有效合作，在社会治理中实现公众的利益诉求。首先群众参与治理有助于降低社会成本。群众参与增强相互合作、平等互利和社会信任，节省利用社会资源，带动基层治理和谐发展；有利于化解基层社会矛盾，为政府提供可靠的力量，使基层社会治理资源最大化，满足各主体的利益和服务需求。同时，群众参与也是促进政府与群众充分互动的手段，更是群众有序、合理表达意见的有效途径。其次群众参与能够增强政治意识、大局意识。群众参与会更加关注社会热点问题，关心国家大事和热爱国家，提高人们的政治觉悟，不断要求民主权利，进而影响政府的决策。再次群众参与基层治理能提高公共政策时效和民主进程。人民群众是社会治理的主体，群众参与基层社区治理，政府加大信息公开力度，认真倾听群众的呼声和建议，有利于人们对政府部门进行经常性监督，提高政策执行效果，落实群众对公共事务的知情权，为社会民主进程奠定重要政治基础。

群众参与有利于推进基层社会民主进程。在社区建立听证会制度，由社区群众参与决定美化自己生活环境，不仅能提高运动健身设施利用率，还可以关注到社区弱势群体的心声。社区听证会为居民提供了一个沟通协商的平台，是实现共建共治共享社会治理的保障，满足社区不同群体需求，较好地推动政府政策的制定与执行。各类听证会要做到过程公开，让基层群众看得见、参与进来，保障群众的监督权和程序合法，社区听证要有公益律师点评。可以设立社区协调委员会、居民理事会。中国公民参与社会治理的历史较短，发展程度较低，改善空间较大，为群众参与基层治理提供更多的机会与平台，从而推动社会民主化进程。

群众参与制度是基层治理现代化的迫切需要。群众参与基层治理机制，是提高基层治理效果的重要途径；基层治理主体是社区百姓，发动群众参与基层社会治理，听民情、排民忧、解民难，维护好人民群众的根本利益，有利于基层社会治理高效运转。完善群众参与基层治理制度，支持群众参与社会公共政策制定和立法过程，尊重群众的首创精神，表达自己的利益和诉求，如北京的"街乡吹哨、部门报道"基层治理措施，都体现了群众的智慧和力量，促进基层社会治理人民积极参与，方便解决社区百姓的家庭困难和收集民意，有力提高基层社会治理的水平和现代化治理能力。

（三）群众参与是基层社会治理精准化、精细化的需要

基层是社会的细胞，是国家治理的基石。基层也是利益冲突和社会矛盾的"源头"，社会治理的重点和难点都在最底层，要真正重视群众参与基层治理的主体作用，凡是涉及群众利益的大事小情，政府都要及时听取群众意见，要推动社会治理重心和服务资源向基层下移，形成政府主导、群众参加和协商共同治理的态势，实现社区群众自我管理、群众满意、基层政府放心和团结友善、互帮互助的治理常态。

社区代表参与治理有利于构建基层社会治理新格局。加强和创新社会治理，其主体在基层，工作也在基层，社区的事就是大家的事，社区群众参与进来好监督、好管理。基层治理必须坚持因地制宜，不断创新基层社区治理模式；从城市到农村，从社区到社会，群众参与的方式要一切从实际出发，促进基层社会治理、社会调节和居民自治的良性互动，让基层治理生机勃勃又井然有序，增加基层群众的幸福感和获得感，从而实现基层社会治理的精准化。

（四）群众参与能壮大基层社会治理的生力军

群众主动参与管理社区是文明社会的客观要求，也是人民当家作主行使权力的具体手段，由于缺乏行之有效的机制，群众参与基层治理中出现波动和争执，容易失去控制和引起冲突，造成危害社会秩序的后果。完善群众参与基层治理的机制可以应对风险挑战，保障群众参与基层治理的权利，推进基层治理现代化。

身处百年未有之大变局，面对新形势新任务，急需加强和创新社会治理，破除一些体制机制障碍，社会治理要从实际出发，从解决基层群众的老大难入手，真正实现当好群众服务员的承诺。社会治理方式不拘一格，在基层治理上搞好调查研究，听取群众的呼声、以人民群众为师，完善基层应急处理综合机制，努力将矛盾化解在基层，解决在萌芽状态，促进社会和谐，为基层社会治理奠定扎实的根基。健全群众参与基层治理制度，发挥制度优势，引导和鼓励群众参与基层

社会治理，激发基层治理活力，把尊重和信任群众贯穿于基层治理实践中，夯实国家治理的群众基础。完善基层群众自治机制，拓宽民主渠道，保证人民在国家治理中的主人翁作用，为社会稳定和治理建设社会主义现代化提供有力保障。

第二节 群众参与基层治理

一、群众参与基层社会治理路径选择

群众走向社区参与治理，政府要给予大力支持和制度保障，打造良好的社会生态；人民是历史的创造者，是基层社会治理的主力军，要加强群众参与基层治理制度创新，发挥群众参与治理的主观能动性；不断提高群众参与社会治理的能力，为改革发展注入强劲持久的动力，创新基层决策的科学民主化。

（一）创新群众参与基层治理的制度

制度保障是群众参与基层社会治理的要求。群众参与基层治理制度要有可操作性和实用性，做好群众参与基层治理日程安排和反馈机制，以体现政府对群众主体地位的尊重，提高群众参政议政的积极性。要让人民群众参与到有关自己切身利益的事，问政于民，问计于民，多征求人民群众的意见，找准政府关注与老百姓关心的结合点，增强群众参与社会治理的针对性，推动基层社会治理创新，避免政府决策盲目性，提高群众参与基层治理成效。群众参与基层治理重要的是有权有责的实惠，是否能够对政府公共政策产生一定的影响；要公平公正对待，否则给政府和群众造成互不信任。只有真正重视群众参与基层治理，建立健全基层治理评估和反馈长效机制，对居民群众的反映进行及时答复，因此要加强与完善群众参与基层治理的制度保障。

完善基层治理制度，构建便捷的群众参与平台。强化基层治理体制机制创新，摸准群众实际参与需求情况。一是建立有效沟通机制，及时将群众诉求、惠民政策等上传下达，充分调动群众的参与度。二是落实社区事务公开制度，保障居民的知情权、参与权和监督权。培养公民应有的权利义务观。提高民主法治的认知

能力，是群众参与基层治理的基础。

（二）发挥协商民主、居民自治优势，促进基层社会治理

完善群众参与基层社会治理的制度化渠道。首先，要完善基层自治制度。完善自治组织的决策、执行和监督，提高基层组织的自治能力，发挥基层组织在服务群众、化解矛盾、维护公平等方面的作用。其次，要建立健全基层社会组织。发挥群众代表协调和服务职能，当好连接政府与群众之间的桥梁。

基层治理要做到知行合一，营造良好的群众参与氛围。基层社会治理要坚持系统治理，为基层治理营造强大的舆论声势。各级政府要加强宣传教育和引导，培养公民正确的权利意识和责任观念，培育基层群众的权利和义务观念，增强群众参与基层治理的信心和责任，在全社会创造群众参与基层治理的浓厚氛围。

将协商民主引入基层治理，积极搭建基层协商平台，畅通与民协商渠道，丰富为民协商内容，破解基层发展难题，促进基层社会治理。创新基层治理，要积极探索群众参与基层治理的渠道。基层社会治理的主体是人民群众，要了解群众的心事、难事、烦心事，解决好各类民生问题；及时处理基层存在的重点、难点和热点问题，最终破解难题、化解矛盾，促进基层社会治理。

提升基层治理能力，必须群众的事商量办。要建立基层社会组织和群众利益维护机制，建设基层公共服务平台。居民自治就是群众的事交给群众商量着办。一是解决一批群众关切的热点、难点问题，让群众感受到基层自治的优势，得到实实在在的实惠。二是畅通群众参与渠道。建立民主协商议事会、乡贤理事会协商议事制度，形成形式多样的基层协商共治格局。三是增强群众参与能力和水平。

二、群众参与基层治理措施

（一）注重培育群众参与基层治理的主体意识和能力

要营造良好的社会环境，不断培养公民主人翁精神；基层治理的根本是人民当家作主，做到靠人民为人民。新时代学员要依靠群众参与社会治理，基层治理和群众息息相关，群众是基层治理现代化的基础，倡导"以人为本"的理念，认真听取群众意见,维护好群众的根本利益。建立送暖解忧的机制,让群众智慧成为社会治理创新的不竭源泉。

强化群众参与基层治理技能培训,提高群众基层治理能力。要建立群众参与基层治理能力培训制度,提高群众的政治远见和参政能力,尊重群众在基层治理中的主人翁地位。新媒体时代,出现了电视问政、网络问政等互动模式,为扩大群众参与治理、促进社会和谐提供了便利化的制度渠道,要不断提高群众应用媒体参与基层治理的能力。群众代表是基层治理的直接实践者,是基层服务的直接参与者。加强基层群众参与治理培训的指导和重视程度,提高群众参与基层治理培训的积极性和参与代表数量。

有些地方在基层社会治理中存在不重视人民群众参与进来的问题,有的基层社会组织对推动群众参与社区治理持消极态度。有的基层骨干和基层代表协商能力不够好,不注意学习新理论新成果和上级要求,社区履职能力还有待培训与提高,挑选一批群众骨干能准确表达对社区治理的想法和意愿,从而消除在基层社会治理中出现的隔离带,从而大力推进基层治理现代化。

(二)创新基层社会治理机制

基层工作涉及方方面面,纷繁复杂,需要把群众的大事小情放心上,当好群众的勤务员。持续推进基层治理现代化,要坚持基层问题导向,从基层实际出发,注重规范基层治理能力提升和制度建设,找准基层治理切入点;建立党建网、微信等网络平台,实施微问政、微行政、微监督,逐渐形成"走村不漏户、户户见干部"等一系列工作机制,推动基层干部走向田间地头,做好调查研究,虚心向群众请教,掌握第一手材料,增进党群关系,夯实基层群众基础,使得基层治理简便实用,察民情、解民忧,服务好基层群众,赢得基层群众的拥护。

为基层赋能放权,推动社会资源、管理权和民生服务放到基层,加强各主体协商治理,让基层群众快捷办事,少跑弯路。在政府和民众之间建立协商共治的桥梁和纽带,赋予基层组织职能和参与事务的机会;通过基层综合改革"赋权",运用大数据、人工智能等技术赋能基层治理,构建基层智慧治理体系。针对街道定位不够清晰、任务繁杂、责大权小、协调难度大、说话腰杆不硬等问题,要通过重心下移、权力下放、资源下沉，增强基层组织协调能力，确保基层治理实效。

　　创新基层治理网格化管理制度，实现基层治理精细化。面对基层治理"堵点"不断出现、群众需求多元、矛盾问题复杂等情况，要创新基层社会治理，消除治理顽疾，增强人民群众的获得感、幸福感和安全感。基层治理要细化网格化管理服务，社区划分网格、责任落实到人。深化多元治理，实现党建、治理、服务等职能和街道、部门、社区、小区网格全覆盖，推动群众共同参与协同治理，并建立数字管理平台，增强基层治理快速处置能力，解决群众最急最忧最盼的问题。创新治理理念，在社区开展"一事一议""共商共享"治理模式，坚持自治、法治、德治相结合，构建"共建、共治、共享"的乡村善治新格局。居民的和谐，在于矛盾不出社区，这是基层治理的最高境界。乡村振兴，治理有效是基础，建立并践行"小事当天解决、大事三天内解决"的良性治理机制；小事不出社区、大事不出街道，让基层治理更加便捷高效。以"治理有效"为根本，建设"宜居、宜商、宜业、宜养、宜游"的美丽乡村，积极推动城乡融合发展。

（三）为和谐社区治理挖掘家风故事

　　坚持以家规家训治家、以村规民约治村，形成家训家规的社区治理新模式。建设乡村文化礼堂，开辟乡村记忆馆、家训长廊、书画室、阅览室。为形成优良的民风村风，党员干部要带头示范，切切实实做到敬老爱老、与人为善、举止文明，"党员看干部，村民看党员"，让群众内化于心、外化于行，营造良好的村风民风，激发基层社区治理创新活力。

（四）以党建引领促进基层治理法治化

　　要把党的领导植根基层，夯实基层组织基础，把基层治理同基层党建相结合。一是要强化村（社区）的整体合力。二是要加强党员队伍管理，提升党员素质和为民服务能力，建立良好的群众基础。三是加大培训力度，严格选任标准，拓宽选拔基层骨干渠道，切实发挥基层党组织的标杆作用。基层治理必须坚持依法治理，强化法治思维，依法办事；健全公共法律服务体系，不断拓宽群众参与社会治理的渠道，树立法律法规在维护群众利益和化解基层矛盾的权威，坚持源头预防，完善基层风险防控机制，建立良好的社会秩序，推进基层治理现代化。

第三节 沂蒙精神促进基层治理

一、重视社区治理作用

以社区为依托，充分发挥社区百姓的自我管理优势，社区的人了解社区的人，管理就是个调节的小事情，让有威望的人参与进来，是人民当家管理社会的具体要求。社区骨干的政策宣传与服务管理工作紧密结合起来，充分利用社区志愿者、党建联盟单位等载体，扎实推进扫黑除恶专项斗争，整顿软弱涣散的党组织，不断建立健全基层党组织，形成"支部建网格、网格管党员、党员带群众"的格局，基层组织向每一个角落延伸，使党的领导充分体现在基层，着力构建"一核引领、多元参与"的基层党建"合"模式。要进一步加强基层党组织的统筹协调能力和组织力，通过治理重心下移、组织联建等措施，网络员每一周至少要走访3次的居民，每半天不少于2小时。强化监督作用，从中形成强大合力，发挥出能力和效益的最大化。

二、加强公民参与基层治理。

十八届三中全会首次提出"社会治理"的概念，要求更突出群众的主体地位，强调要通过双向协商与合作实现社会治理为人民群众服务，要依靠人民群众，群众参与基层治理既是社会认可更是责任，对于群众来说，把工作当事业干还是把事业当工作干，考验的就是使命担当。在不懈奋斗中成就更好的自己，

充分发挥社区组织优势，调动各类资源，千方百计为群众排忧解难，不断探索基层组织建设新思路新模式，在"两新"组织、农村社区等领域不断夯实党的基层基础，持续推动改革向基层延伸。发挥群众的主观能动性，创新工作思路和方法，充分依托党赋予的资源和渠道，把各项工作真正落到实处，确保取得最大

成效，必须要借助党委政府的力量，利用好街道联席会议推动各项工作的落实。针对在工作中发现的问题堵点，坚持问题导向、需求导向，在基层组织联动和群众参与质量上下功夫，推动基层工作责任落实机制，在新时代中国特色社会主义现代化建设新征程上展现更大作为、做出更大贡献。

基层培训形式多样，积极参与收获多。与以往学员参加的短期培训班不同，近年来培训班增加了学习研讨、小组磨课、学员上讲台、选修课和党史电影教学。在微党课展示、小组学习研讨和磨课中，收到学员的点评和辅导，听到了之前没有听到的意见和建议，让学员收获颇丰。

三、抓住沂蒙精神引领与基层治理的结合点

强化沂蒙精神引领，学习古老的中华文化及现代科学的理论，以服务乡村振兴和全面从严治党为主线，让沂蒙精神进社区，深刻领会沂蒙精神在新时代的意义，激励大家开拓奋进，强化党性修养和宗旨意识，以利于为社区建设做出自己更大的贡献。组织开展科学理论、种植和养殖技能等下基层宣讲活动，推动理论创新成果在基层扎根开花。要始终坚持以人为本，正确处理好组织和服务群众的关系；增强党对基层治理的领导，关键在于增强党的群众意识。党的基层组织建设，必须坚持法治，党群同心，保证党和政府制定的各项方针政策在基层得到有效落实。

强化基层治理共建共享。党的基层组织要把每一位党员干部带到基层，关系到每一个人对党的组织服务能力的切身感受。同时，基层党组织要建立规范的危机防范机制，做好应对突发事件的应急预案，以保证依法治国的有效实施。建立规范化基层治理模式，加强问责机制建设，做好权力制约和监督。对在基层治理中不履行职责的党员干部，要及时进行诫勉谈话、批评教育，以确保其切实发挥作用。如发现违纪违法行为，要及时移送司法机关。促进基层治理共建共享。加强基层党组织和机关企事业单位的自学员管理，增强基层党组织和机关企事业单位的自学员管理能力，增强基层群众的主人翁意识。明确责任边界和管理主体间的事权划分。实行民主协商制度；在传统领域和新兴业态的交织下，新的阶层和群体不断涌现。各类业态的治理模式差异很大，"一元制"的治理容易产生"党

建真空"和"治理盲区",已不能适应现实需要。要进一步发挥党的整体优势。拓展党建网格化管理,推动管理方式现代化。

加强与公安、民政、住建、城管、司法等部门全方位协调合作力度,建立健全街社吹哨、部门报道、多方参与、多元信息收集机制,邀请辖区所有单位参与到平安社区创建活动中来,同时推动居民自治、德治、法治"三治融合",大力培育与社会治理、服务群众密切相关的公益慈善类、社区服务类、文体生活类和专业调处四大社会组织"孵化联盟",不断在思想认同上凝聚共识,在工作机制上凝聚共识,在情感融合上凝聚共识,形成自治、德治、法治齐头并进,有机融合。

立足文化对社区治理的助推作用。学校要坚守延续中华历史文脉、弘扬中华优秀传统文化,强化师德文化建设,既抓好学校师德文化活动推广,又抓师德的内涵挖掘、文化传承,发挥师德文化对推动基层社会治理的时代价值。重视教育对学生的成长和社会发展都起着十分重要的作用,要上正能量的党史课、讲正能量的传统故事、唱正能量的红歌、读正能量的书籍,进一步引导师生能够拥有一颗清澈、光明、向上向善的心。让德才兼备和知行合一等思想融入师生的思想品质,展现师德文化建设的时代价值,推进基层治理体制创新,推动基层社会的和谐稳定。

四、强化对黄河流域文化资源传承治理

弘扬沂蒙精神及黄河文化等华夏优秀传统文化,传承治理母亲河文化带,造福黄河流域人民的生活和旅游文化事业,是推动黄河文化在新时代发扬光大的重要举措。借助数据资源思维、数字技术手段、数据终端布局,力图构建一条能够驱动沿黄区域经济社会创新发展的"数据黄河",助力学员省经济社会高质量发展的重要举措。

(一)基本原则

1. 坚持保护优先、传承创新

黄河不仅为我们提供水资源,还有百折不挠、坚韧不拔的民族气节。把黄河流域文化资源保护放在首位,完整保护各类文化遗产资源,是守住中华民族精神

生生不息根脉最直接有效的措施。

2. 坚持文化为魂、融合发展

充分发挥历史文化底蕴深厚的优势，聚焦生态保护、黄河安澜、高质量发展、文化传承、文旅融合等重点领域，坚持突出重点与开局起步相结合、探索与深化提升相融合、示范带动与率先突破相统筹，积极对接国家、省、市战略制定，走出一条独具山东特色、彰显时代价值的黄河文化保护传承的高质量发展之路。

3. 坚持规划引领、分步实施

紧贴国家、省、市"十四五"发展规划及东营市经济社会发展"十四五"发展规划、东营市全域旅游规划，坚持一张蓝图绘到底，统筹把握好当前和长远、整体和局部的关系，分步骤、有重点推进，形成优势互补、良性互动的协同发展格局。

（二）建议与思考

通过全球黄河文化资源数据的有效汇聚，以"一河""一馆""一工厂""一平台"的融合打造，切实对大黄河流域文化进行高技术尖端保护，构成保存保护、传播传承、开发利用的时空生态体系。助力山东由黄河地理流域的自然终端扩展为带动数字创意相关产业发展的数据能源输出终端，形成对其他黄河沿线区域经济社会发展的示范带动与数据能源回流反哺。

1. "一河"彰显数据赋能

"数据黄河"以黄河文化资源的数字化转化为基础，集成数字技术成果、生产数字文化内容、制造内容数据资源，开发文化数据资产，打造具有黄河文化之魂的特色优势产业品牌。实现与黄河文化相关的旅游产业、传媒产业、娱乐产业、影视产业、游戏产业、衍生产业、文化商业等的一体化发展与沿黄区域文化经济、数字经济的多层次融合，充分释放数字经济驱动经济高质量发展的潜能。

2. "一馆"创新黄河文化知识展示，打造黄河文化图腾

引入体验式文化场馆规划建设理念，通过前沿的知识服务技术与体验式信息传播技术，实现黄河文化知识的可视化生产、数字化加工、交互式传播、多元化利用，打造黄河文化知识创新展示空间。生动诠释黄河文化的丰富内涵，直观再

现黄河文明的历史演化,震撼展现黄河全域的自然奇观,有效传播黄河文明的生态知识,全息展示黄河沿岸城市的人文风貌与建设成就等。

3.研学旅游互动体验提升黄河文化资产性

适应全域旅游与全民旅游发展新时期需求,整合黄河流域沿线旅游带资源,打造虚拟化的新型黄河虚拟旅游产品。依托线上黄河虚拟旅游数据平台与线下黄河生态体验馆终端的建设,汇聚全国黄河流域代表性的自然地理景观数据资源,推动黄河流域自然地理景观数据生产、加工、产业化应用,助力我省成为全国黄河虚拟旅游数据中心,为引领性打造 5G 时代虚拟旅游产业提供时空数据与内容数据资源支撑。

4.拓展优化行业延伸服务空间,实现产业价值最大化挖掘与提升

建设黄河文化时空主题的区域性知识服务平台,通过具有丰富文化时空内涵的知识媒介,使广大受众以数据化、网络化、动态化、智能化、可视化、奇观化的大黄河流域文化知识感知的方式建立起来。适应科技文化旅游融合发展的需求,由焦点式知识传播带来辐射式社会影响力,使我省成为黄河生态、黄河文化、黄河旅游、黄河经济发展的战略新高地。

参考文献

[1] 段便娥.师德建设在教育中的重要性[J].职业,2013(18):168.

[2] 黄新根.党建引领基层治理创新研究[J].大连干部学刊,2020,36(09):36-41.

[3] 奚广庆.充分发挥中华优秀传统文化的独特优势[J].红旗文稿,2016(15):25-27.

[4] 陈嵌.以教师专业发展为导向的高校专任教师思想政治教育培训体系研究[J].黑龙江教育学院学报,2019,38(12):18-20.

[5] 陈步云.高校实践育人机制研究[D].长春:东北师范大学,

[6] 高立伟.党建引领下的基层治理智能化精细化研究[J].人民论坛·学术前沿,2019(21):52-61.

[7] 向德平.构建基层社会治理新格局[N].《社会治理》,2019-12-15.

[8] 陈方猛.干部教育创新研究[D].上海:华东师范大学,2003.

[9] 黄驰.创新教育协同推进机制研究[D].合肥:合肥工业大学,2019.

[10] 李元元.对加强我国大学文化建设的几点思考[J].高等工程教育研究,2007(04):12-17+21.

[11] 胡妮,许伟,马学锋.推进基层治理法治化的有效路径[J].中共山西省委党校学报,2016,39(01):74-77.

[12] 张杰.以高度的文化自觉和文化自信推动大学文化建设[J].求是,2012(09):47-49.

[13] 韩素兰,王全乐.教师培训需求转化为培训课程的策略研究[J].教育理论与实践,2013,33(33):33-35.

[14] 嵇景岩.党的十六大以来干部教育改革创新问题研究（2002-2012）[D].长春：吉林大学，2017.

[15] 李丹.基层政府治理能力现代化问题研究[D].延安：延安大学，2017.

[16] 中华人民共和国中央人民政府.习近平在中国共产党第十九次全国代表大会上的报告[EB/OL].（2017-10-27）[2022-06-15] http：//www.gov.cn/zhengce/content/2017-10/27/content_5234876.htm.

[17] 刘万芳，佟海涛.高校师德文化建设的现状分析[J].新西部（理论版），2016（08）：117+129.

[18] 刘径言.对教师培训课程设计的思考[J].东北师大学报（哲学社会科学版），2013（06）：210-213.

[19] 龙飞.大学生创新教育对策研究[D].哈尔滨：哈尔滨理工大学，2013.

[20] 鲁慧.高职院校新教师培训课程设计及实施[J].科教导刊（上旬刊），2019（12）：69-70.

[21] 马俊英.智能型政府对基层治理的重塑[D].上海：华东政法大学，2019.

[22] 穆虹，高福辉，郭英杰.浅析教育培训方法与技术的创新[J].继续教育，2012，26（06）：32-35.

[23] 申玮，叶鑫，李金林.高校师德文化建设工作机制的调研及建议[J].大学（研究版），2016（Z1）：36-39.

[24] 鄀爱红.以党建引领基层治理体制机制创新[J].中国党政干部论坛，2018（12）：79-80.

[25] 孙宇.干部教育培训方式方法创新研究[J].科教导刊（下旬），2019（03）：150-151.

[26] 宋妍.高校创新教育与思想政治教育关系研究[D].长春：东北师范大学，2017.

[27] 滕玉成.党建引领基层社会治理的思考与建议[J].国家治理，2019（31）：22-25.

[28] 田晓明.高等学校服务育人工作改进研究[D].大连：大连理工大学，2010.

[29] 王可.中国城市基层社会治理创新研究[D].呼和浩特：内蒙古大学，2015.

[30] 王宁.干部教育培训中的方法创新[J].继续教育，2016，30（09）：17-20.

[31] 王卫.中国城市基层治理中的公众参与[D].武汉：武汉大学，2010.

[32] 伍俊斌.推进基层治理的困境与对策分析[J].商丘师范学院学报，2016，32（02）：37-43.

[33] 吴欣歆.新教师培训课程设计：有效推进"经验知识"的建构[J].中小学管理，2016（02）：45-47.

[34] 许德涛.大学生创新教育研究[D].济南：山东大学，2013.

[35] 叶丽新.参与式教师培训课程的定位与设计[J].全球教育展望，2008，37（11）：64-68.

[36] 叶绪江.当代中国干部教育培训有效供给研究[D].南京：南京农业大学，2010.

[37] 袁进霞.高校师德文化存在的问题及对策[J].学校党建与思想教育，2017（04）：81-82.

[38] 杨蓉荣.协商民主导向的城市基层治理研究[D].南京：中共江苏省委党校，2015.

[39] 郑志辉.课程实施中的教师培训研究[D].重庆：西南大学，2010.

[40] 郑魏静.当前中国高校师德文化建设研究[D].成都：西南财经大学，2012.

[41] 翟建设.新形势下推进高校管理育人工作的有效途径[J].中国教育学刊，2015（S1）：297-298.

[42] 周定财.基层社会管理创新中的协同治理研究[D].苏州：苏州大学，2017.

[43] 张贤金，吴新建.促进教师深度学习：教师培训课程设计转轨[J].福建教育学院学报，2016，17（08）：69-71+128.

[43] 尤玉军.中国梦的文化内蕴[N].光明日报，2017-07-10（11）

［44］唐海燕.五大发展理念的传统文化内涵［N］.广西日报，2016-03-10（014）

［45］楼宇烈.中国文化的根本精神［M］.北京：中华书局，2016.

［46］季羡林.季羡林对话集 21 世纪：东方文化全面复兴的新纪元［M］.北京：人民日报出版社，2009.

［47］中华人民共和国中央人民政府.胡锦涛在中国共产党十七大上的报告（节选）［EB/OL］.（2008-06-13）［2022-06-15］.http：//www.gov.cn/zhengce/content/2008-06/13/content_1015483.htm.

［48］赵可金.建设高校智库，为大学文化建设创新提供智力支撑［N］.中国网，2017-04-06.

［49］王亚洲.国防教育在大学生素质教育中的地位和作用［J］.黑龙江科技信息，2008（20）：158.

［50］庄孝良.用文化涵养师德［J］.福建教育学院学报，2004（05）：116-117.